最新 金融商品取引法講義｜第6版

松岡啓祐【著】

Financial Instruments and Exchange Act

中央経済社

第 6 版 はしがき

　第6版は，令和3年に成立した金融商品取引法の改正（令和3年5月26日公布。法律第46号）と令和4年に予定される東京証券取引所の市場改革の内容を中心に改定を行っている。金融商品取引法の令和3年の改正においてはわが国の資本市場が国際金融センターになることを目指すうえで重要になる，海外の投資運用業者（ファンド）のさらなる参入促進策として，「海外投資家等特例業務」の創設等が行われている（金商法63条の8以下等）。また本改訂では，令和2年の金融サービス提供法（「金融サービスの提供に関する法律」。旧・金融商品販売法が名称変更）の成立に加え，令和元年の会社法の改正といった様々な法改正の動きを受けた，旧版からの金融商品取引法の改正内容を追加している。

　さらに，コーポレートガバナンス・コード（企業統治指針）やスチュワードシップ・コード等といった実務上注目されているいわゆるソフト・ローの最新の改定に関しては，上場会社等のサステナビリティ（持続可能性）やESG（環境・社会・ガバナンス）要素が特に重視されるようになっている。社会的なSDGs（Sustainable Development Goals（持続可能な開発目標））の要請の一環でもある。

　そしてこの版ではとりわけ，令和4年4月に実施される予定の東京証券取引所の市場区分とその名称の変更というわが国の金融・資本市場における歴史的な改革についても，コラムの形等で言及している。東証の第1部市場の名称が「プライム市場」へと新しく変更されることなどは会社や市場の関係者のみならず，企業社会を取り巻く国民全体の経済活動にとって画期的なものといえるであろう。市場区分の名称変更は実質も伴うものであり，国際的な資本市場の動向を反映している。それに併せて，プライム市場の上場会社が名実ともにわが国を代表するグローバルな企業になるよう，前述のコーポレートガバナンス・コード等の最新の改定も行われている。金融商品取引法に関する判例も多く，旧版以降の最新の最高裁判所の重要な判例等も目立つ。

　本書は，こうした種々の新たな動向を取り入れるなどの大幅な再編成を行う

ことにより，最新の資本市場法制と企業法制の内容を豊富に盛り込んだテキストにしている。その結果，第6版の内容は旧版と比べて，全体として著しくアップデートされることになった。近時の金融・資本市場（マーケット）に関する法制度の動きは目まぐるしく，かつ重要性を増している。国内外の市場経済とそれを公的に監督する市場ルールには常に新しいトレンドが生まれており，各方面から法制度の理論と実務に関する情報のリニューアルが必要になる。暗号資産（仮想通貨）やデジタル証券の動向にも注目が集まる。

　特に上場会社法制ともいわれる，上場会社等に対する公開会社法の側面において，公正な価格形成機能の確保を担う市場ルールである金融商品取引法と公正な企業運営の確保を目指す会社法との一体性ないし連動性は強くなっている。著名な事件や判例等についても，金融商品取引法と会社法は併せて検討されることが多い。

　令和元年の大改正を含むそのような会社法の動向については，本書と併せて『最新会社法講義』も適宜参照して頂ければ幸いである。今回の改訂に当たっても，引き続き中央経済社学術書編集部の露本敦氏に大変お世話になった。改めて深く御礼申し上げる。

　令和3年8月

松岡啓祐

初版はしがき

　本書は金融商品取引法について，一般の学生や社会人はもとより，法律や会計・金融の専門家といった実務家，新司法試験や公認会計士試験等といった各種資格試験の受験生にも役に立つように解説したものである。金融商品取引法（金商法と略される。Financial Instruments and Exchange Act，FIEA）は平成18年に規制の横断化・柔軟化等の観点から従来の証券取引法を大きく改正し（平成19年に施行），成立した金融・資本市場（証券市場）という巨大なマーケット・システムの基幹を支えるきわめて重要な法規であり，その理解は各方面から求められている。広く国民にとっても，その法的な知識の習得は重要な意義を持つ。とりわけ中心となる上場会社の株式の取引規制については，株式の大量取得・企業の買収（M＆A）や内部情報を利用したインサイダー取引，不正な情報操作である粉飾決算等の法規制といった市場の公正に関わる重要なルールを多く含んでいる。

　他方，金商法の内容は詳細かつ複雑であるため，わかりやすい講義用の教科書が求められてもいる。そうしたことから，本書では情報開示（ディスクロージャー）や不公正取引等といった基本的な制度趣旨の説明を中心としつつ，規制の全体像を網羅するというベーシックなスタイルをとっている。また，重要なポイントが理解しやすいように各所に設例（ケース）やポイント，争点，検討課題のテーマを付ける等の工夫をした。文章を読みやすくするという趣旨から注も原則として付けず，詳細な政令や内閣府令も重要なものに限定して扱っている。もっとも，解釈上のポイントや主要な判例・事例は積極的に取り入れており，一歩進んだ応用的な学習内容についても配慮している。さらに，金商法は会社法とも密接な関連性があり，公開会社法としての側面も有するため，各所に会社法とリンクした解説（会社法の関連テーマ）や会社法を意識した説明を付している。

　金商法は，国家経済に関わるきわめて公益性の高い重要法規である。そのため金商法は今後も大きな発展が見込まれている。ただ，近年特に改正や関連事

例も多く，今後も随時見直しが行われることが予想される。関連法規も広範囲にわたり，実務や学説の議論も各所においてなされており，金商法を巡る様々な研究もいまだ発展途上にある。本書は質・量ともに完全ではないものの，最新の情報をできるだけ盛り込んだ現時点での金商法のコンパクトな解説書として，身近に置いて活用して頂くことを希望している。なお，前述した本書の性格上原則として注を付していないが，本書は定評のあるテキストや諸論文に多くを負っている。特に早稲田大学の上村達男教授の諸論文等（市場法説ないし市場法論）には，日頃から貴重な示唆を受けている。

　また，本書が成るに当たっては，中央経済社の露本敦氏に種々のアドバイスを頂いた。この場を借りてお礼を申し上げる。

　平成22年9月

著　者

目　　次

2

4

10

── ●コラム目次● ──

●ポイント

12

●重要判例

法令名・判例集等の略称一覧

◆主な法令・政省令等の名称について

金融商品取引法は「金商法」とし，条文の引用は条文数のみを示している。

旧証取法	金商法施行前の証券取引法
投信法	投資信託及び投資法人に関する法律
施行令	金融商品取引法施行令
開示府令	企業内容等の開示に関する内閣府令
監査証明府令	財務諸表等の監査証明に関する内閣府令
金商業府令	金融商品取引業等に関する内閣府令
公開買付府令	発行者以外の者による株券等の公開買付けの開示に関する内閣府令
大量保有府令	株券等の大量保有の状況の開示に関する内閣府令
財務諸表等規則	財務諸表等の用語，様式及び作成方法に関する規則
定義府令	金融商品取引法第2条に規定する定義に関する内閣府令
取引規制府令	有価証券の取引等の規制に関する内閣府令
企業内容等開示ガイドライン	企業内容等の開示に関する留意事項について（金融庁）

◆主な判例集等の略称について

金判	金融・商事判例
金法	金融法務事情
商事	旬刊商事法務
判時	判例時報
判タ	判例タイムズ
民（刑）集	大審院・最高裁判所民（刑）事判例集
裁判集民事	最高裁判所裁判集　民事

◆主なその他の略称について

EDINET	Electronic Disclosure for Investors' NETwork　金融庁の電子開示システム
東証	東京証券取引所（日本取引所グループ，JPX）

第1章

金融・資本市場（証券市場）と金商法

この章では，金融・資本市場（証券市場）の意義と働きを踏まえ，金商法の目的と役割を考える。そして，証券市場と国民経済との関係のほか，株式等の金融商品・投資者・金融商品取引業者の区分や多様性について解説していく。

【設　例】────────────────────────────

衣料品メーカーであるA株式会社は，新しい工場等を海外に建設するため，多額の資金が必要になっている。A会社は東京証券取引所（東証）の上場会社であるが，最近の同社の株価は低迷している。

A会社は資金を得るため，銀行から借り入れるか，証券市場で株式や社債を発行するか，検討中である。A会社にとって，どのような方法が望ましいか。

第1節　金融・資本市場（証券市場）とは何か

1 企業・投資者・国民経済

「金融・資本市場」とは，証券市場や金融先物市場を含む広義の市場である。証券市場の株価の動きは毎日のようにニュース等で伝えられており，経済の体温計ともいわれ，企業の経済活動や国民の生活と密接な関係にある。

【設例】のA会社のような上場会社は，証券市場（株式市場）を通じて株式や社債等の「有価証券」を発行し，投資者から必要な資金を直接調達することが

2

できる（直接金融）。広く市場を通じた株式発行による資金調達（公募増資）が可能なのである。他方，企業への投資判断は投資者自身が行い，投資のリスクも負担するため，投資は自己責任が原則となる。「自己責任の原則」という。

それに対し，企業は銀行から必要な資金を借りることもでき，この場合，預金者が銀行を経由して企業に融資することになる。間接金融といわれる。企業への融資の審査は銀行が行い，貸倒れなどに伴うリスクを負うことになる。

◁ **ポイント：株式投資のメリットとリスク** ▷

金融商品のうち有価証券の中心は，株式である。株式への投資には，一般の投資者にとってどのようなメリットとリスクが考えられるであろうか。メリットとしては，株価の値上がりによる売却益（キャピタル・ゲイン）と配当金（インカム・ゲイン）の獲得チャンスが中心となる。そのほかにも，株主優待券の取得に加え，株主総会に参加して議決権を行使するなどの経営参加権も行使できる。

これに対し，リスクもある。第1に，信用リスクがある。株式を発行している企業の業績が悪化して，配当等を受け取れなくなり，最悪の場合，倒産するといったリスクである。企業価値がなくなると，株式も無価値になる。第2に，価格変動リスクがある。市場において株価は日々変動するため，株価が下落すると，損失を被ることになる。元本が保証されていないのが，株式への投資である。

株式への投資は，誰でも一定の資金があれば可能である。そして，そのような投資には，株式を発行している企業の経済活動に加えて，日本経済全体の動きや仕組みに通じるという重要な意義が含まれている。

こうした直接金融と間接金融は両者が相まって企業の活動を支え，ひいては国民経済を動かしている。特に株式や新株予約権，新株予約権付社債等を用いた資金調達を「エクイティ・ファイナンス」と呼んでいる。

市場を通じた直接金融の場合，企業は株式等を多くの投資者に発行し，資金を調達することになる。その際には，証券会社（金融商品取引業者等）や東京証券取引所等といった証券取引所（金融商品取引所）が，重要な役割を担う。

【設例】で，A会社が株式等を発行するか，銀行から貸付を受けた方が有利かどうかは，売上や利益といったA会社の財務状況等のほか，株価（日経平均株価，TOPIX等）や金利等の経済全体の動向にもよる。他方，好況であれば，

投資者による投資も積極的になるが，不景気であれば，リスクのある株式等への投資は消極的にならざるを得ない。投資者がＡ会社の株式を購入するか否かは，Ａ会社への評価・投資判断のほか，投資者自身の投資目的や資産状況にもよる。その点，「適合性の原則」も重視される（40条1号，第7章第1節②）。

　なお，証券取引所と上場（株式公開）の意義については，第9章を参照。

② 証券市場と法規制の必要性

　いずれにしても，【設例】のＡ会社や投資者にとって証券市場の活用は，資金調達や資産運用（ポートフォリオ）の重要な選択肢であることは間違いがない。Ａ会社のような企業の活動は投資者や株主以外にも，消費者や労働者，地域経済にも影響を及ぼす。したがって，資本主義経済社会においては，公共性を持つ証券市場の存在が国民経済ないし国民の生活を支えていることになる。

　とはいえ，証券市場や金融先物市場を含む広義の「金融・資本市場」では，巨額の資金が利益を求め絶えず動いているため，詐欺的な事件や相場操縦等の不正行為が起こりやすい。投資者の権利や平等も阻害されがちである。

　企業や投資者が証券市場を利用するためには，公正な市場システムが構築され，そうした市場への信頼が確保されていることが欠かせない。市場の公正性を確保するには，市場機能に応じた法制度上の規制監督が必要になる。その中核的な役割を担うのが金融商品取引法であり，「資本市場法」ともいわれる。

◁ ポイント：投資サービス法と金融サービス提供法 ▷

　金商法は別名，「投資サービス法」といわれ，旧・証券取引法を拡大・強化したものである。そのため，証券会社は金融商品取引業者，証券取引所は金融商品取引所という。本書ではわかりやすくするため，一般的名称と法律上の名称を適宜使用している。金商法は，「資本市場に関する基本法」として位置づけられる。規制対象には，株式だけでなく，組合型の投資ファンド等も含まれる。

　他方，「金融サービスの提供に関する法律」は，令和2年の金融商品販売法の改正と名称変更により，金融商品の販売や一定の金融サービスの提供等の局面に限定して，預金や保険，証券等を包括的に規制するものである。金融サービス仲介業者には，銀行，保険会社，証券会社等が含まれ，ワンストップの金融商品の提供による利用者の利便性の向上とともに，その保護が重視されている。

第2節　金融商品取引法（金商法）の意義と役割

1　金商法の目的と資本市場のルール

(1)　資本市場と公正な価格形成の確保

　金商法の目的は何か。第1条は次のように，資本市場における公正な価格形成の確保を重視している。すなわち，「この法律は，企業内容等の開示の制度を整備するとともに，金融商品取引業を行う者に関し必要な事項を定め，金融商品取引所の適切な運営を確保すること等により，有価証券の発行および金融商品等の取引等を公正にし，有価証券の流通を円滑にするほか，資本市場の機能の十全な発揮による金融商品等の公正な価格形成等を図り，もって国民経済の健全な発展および投資者の保護に資することを目的とする」としている。

　要するに，その目的は，資本市場の機能を通じた公正な価格形成等により，「国民経済の健全な発展と投資者の保護」を目指している。「国民経済の健全な発展」とは，市場を通じた資源の効率的配分と，国民の投資活動の促進を意味する。また，「投資者の保護」は，市場参加者として投資者を重視するというシンボルの意義を持つ。そこで，公正な資本市場・証券市場の整備が最も重要になるため，金商法は，「資本市場法（Capital Market Law）」ともいわれる。

　具体的な法規制においては，有価証券の発行・流通・大量取引等といった，それぞれの市場メカニズム（構造や機能）に応じた公正性が情報開示制度等を中心に図られている。証券市場は保持され，強化されるべき「重要な国家の財産」として位置づけられる（アメリカの1934年証券取引所法11A条(a)(1)(A)参照）。公共財であり，高度の公益性を持つ。市場は経済を映す鏡でもある。

　証券市場において公正な価格（証券の真実の価値）が形成されるためには，適切な企業内容等の情報開示（ディスクロージャー）やインサイダー取引・相場操縦等の不公正取引の禁止が欠かせない。そのため，日常的に金融庁等の行政機関を中心とした強力かつ多様な現場対応型の監視体制が必要になり，実際に日々の証券市場機構を担っている証券取引所等の自主規制機関（SRO）や証券会社等（金融商品取引業者等）との密接な連携も求められる。

> **争　点**
>
> **金商法の目的を巡る議論**
>
> 　金商法の目的は，どのように考えるべきか。この点，多くの議論がある。第1に，「投資者保護説」は伝統的な見解として，投資者の保護を重視する。ただ，証券市場の多様な機能や国民経済の公共性・公益性を考えると，疑問もある。
>
> 　第2に，「二元説」がある。この説は，投資者の保護と国民経済の適切な運営の2つを目的とする見解であるが，統一性に欠けるという弱点も指摘される。
>
> 　第3に，「市場法説（市場法論）」がある。この説は，公正な価格形成の維持を通じた証券市場の機能の確保を法目的とし，投資者の保護は証券市場の成立条件であるとする。近時有力な見解であり，市場メカニズムに応じた機能的な分析を可能とする点で，きわめて説得力を有している。資本市場の機能が重視される。なお，市場機能の確保と投資者保護の両方を目的とする見解等も見られる。
>
> 　金商法では，第1条において，「資本市場の機能の十全な発揮による公正な価格形成等」が重視されており，市場法説を取り入れている。行政監督上も，「公正・健全な市場ルールの構築・運用」が主要な目的と位置づけられており，投資者はあくまでも市場の参加者（利用者）として重視される（投資者保護）。

(2)　発行市場と流通市場

　証券市場においては，株式等の有価証券が発行されるプロセスを理論上「発行市場」といい，その後，有価証券が継続的に投資者の間で取引される場のことを「流通市場」と呼ぶ。発行市場と流通市場は密接に関連する。

　特に，証券取引所等の証券の流通市場が，自由な売買取引（換金）の場所として証券市場の中心である。高度に発達した流通市場が機能しないと，証券取引は円滑に行われなくなり，ひいては新規の証券の発行市場も滞り，資金の流れや経済活動全体が停滞する。企業の発行する株式等は証券取引所に上場（公開）することにより，初めて多くの投資者が自由に売買できるようになる。

　また，流通市場の発達度（成熟度）に応じて，①情報開示の態様・不公正取引の認定，②市場仲介業者の責務，③制裁の性質等についても本質的に異なってくる。高度に発達した巨大な証券の流通市場では，個別相対型のルールではなく，組織型の市場システムに合ったルール群が整備されている。法制度の仕組みは市場の特質やメカニズムとリンクする。

図表1-1	証券市場（資本市場）の区分

┌─①発行市場：企業等の証券の発行者⇨投資者
└─②流通市場（証券取引所等）：投資者⇔投資者

２ 金商法の主な内容とエンフォースメント（法執行）

　金商法のルールの内容は大きく，①企業内容等の重要な市場情報の開示制度（発行開示，流通開示，大量の株取引の開示等），②不公正な取引の禁止（インサイダー取引や相場操縦等），③証券会社・証券取引所等といった市場の担い手に対する監督，といった３つの側面からなっている。これらはすべて，公正な市場システムを支えるためものである。そうしたルールに違反した場合の制裁手法・法執行（エンフォースメント）は多様であり，重大な場合の刑事罰のほか，損害賠償といった民事責任，課徴金等の行政上の措置も活用されている。

　行政上の監督機関は，「金融庁」とその付属機関である「証券取引等監視委員会」が主に担う（194条の7）。条文上は，内閣総理大臣からの委任になる。行政機関は，自主規制機関である日本証券業協会（日証協）や証券取引所等と常に連携して，証券市場を監視している（第10章を参照）。不正な取引には，課徴金等の制裁を課すとともに，不正の事前防止のための活動も行っている。

　日々変動する証券市場の動きに対しては，柔軟かつ迅速に対応した規制が求められる。なお，日本証券業協会や証券取引所も，独自にペナルティーを課すなどの制裁措置を通じて，不正行為の抑止と信頼性の向上に努めている。

３ 会社法との密接な関係等

　金商法は，会社法と密接な関係にある。金商法が規制する証券市場の中心は株式であり，会社法の主な対象も株式会社の発行する株式になる。また，証券取引所で株式を公開している上場会社は，会社法の規制とともに，資本市場のルールである金商法の情報開示・不公正取引の禁止規定等の適用を受ける。

　そうした側面においては，金商法と会社法の規制の内容が重複することが増えるため，一定の調整が必要になる。金商法には，公開会社法の側面があり，

両者の一部を統合する「公開会社法」の制定等も議論されている。

会社法の関連テーマ：投資者の自己責任原則と株主有限責任の原則

　証券取引では，法律上明文の規定はないが，しばしば投資者の「自己責任原則」が強調される。損失補てんの禁止ルール（39条）はそれを裏から示している。自己責任の原則は，市場における参加者の平等性と密接な関係性を持つ。

　それに対し，会社法上，「株主の責任は，株式の引受価額を限度とする」という，株主有限責任の原則が重要になっている（同法104条）。出資者・市場参加者としての株主の責任を限定することにより，多くの資本を会社に結集し，大規模な事業活動を可能としている。そのほか，株主（株式）平等の原則や株式譲渡自由の原則（同法109条，127条）も，株式の市場適合的な投資商品としての側面を表すという意味で，資本市場のシステムと密接な関係性を有する。

　金商法の体系は，証券の流通市場が中心になる。流通市場は証券取引所等が運営し（本書の第9章），証券会社等が市場の担い手である（第8章）。流通市場では，多くの金融商品等が取引され，継続的な情報開示・不公正取引・投資勧誘の規制等が重要になる（第2章・第4章・第6章・第7章）。流通市場から派生するのが，発行市場や公開買付け等の市場である（第3章・第5章）。

第3節　証券市場・有価証券・業者・投資者の多様性

【設　例】━━━━━━━━━━━━━━━━━━━━━━━━━━━━━

　Aは，若干余裕のある資産を保有している。そこで，Aは銀行の定期預金のほか，「株式や投資信託等」といったある程度リスクはあるが，大きなリターンも期待できる証券市場における投資運用を考えている。

　どのような取引の手法や投資の対象があるのか。投資者の区分とは何か。

1　証券市場とその取引の多様性

　【設例】において，Aが投資を考えている，「証券市場（securities market）」は，多様性を増している。金商法の規制の動向も変化が激しい（本書末の資料3の

改正の一覧表を参照）。ここでは，その内容を概観していくことにする。

　まず，証券市場（金融・資本市場）取引はどのようになされているであろうか。証券市場は，証券取引所（金融商品取引所）の流通市場が中心になる。証券取引所には種々の市場が設けられており（プライム市場・新興企業向け市場等），証券取引所以外の金融機関等の相対（あいたい）取引も活発である。

　また，投資者の取引手法も，様々になる。通常の売買や信用取引に加えて，先物取引・オプション取引等といった，将来予測を織り込んだデリバティブ取引の動きも注目されている。FX取引（外国為替証拠金取引）も目立つ。

② 有価証券と金融商品取引業者等の多様性

　次に，証券市場における取引の対象である有価証券ないし金融商品も，多様である。伝統的な株式や社債等の「企業金融型証券」とともに，不動産等の資産価値をもとにした「資産金融型証券」が増えており，不動産市場との関連性も進んでいる。また，投資信託関連の金融商品の拡大のみならず，小規模な組合型ファンドを含め，投資ファンドの動きも活発になっている。

　株式については，企業買収（M&A）といった上場会社の株式の大量取引の動向も注目度が高い。投資者としては多様な選択肢があることを考慮して，慎重に自己に合った資産運用（ポートフォリオ）を構築することが望ましい。

　有価証券や証券業務の多様化とともに，証券の販売・助言・運用等を行う金融商品取引業者（金融機関等）の役割がきわめて重要になる。金融商品取引業者はその役割に応じて，主に4つに区分されている（第8章を参照）。

　第1に，第1種金融商品取引業者（証券会社等）は有価証券の販売・仲介等といった証券業務一般を扱い，第2に，第2種金融商品取引業者は比較的小規模な組合型のファンド等の販売等を行い，第3に，投資助言・代理業者（投資顧問業者等）は投資のアドバイス等を行い，第4に，投資運用業者（投資信託の運用会社等）は「他人の財産の運用等」を業務とする（28条1項〜4項等）。

　これらの業者は，銀行等の登録金融機関を含めて「金融商品取引業者等」と総称され（34条），それぞれの業務の内容・特色に応じた規制がなされている。投資者としては，販売仲介をする業者の選択も重要になる。

3 投資者の区分

　投資者についても，多様性がある。個人の一般（アマ）投資家と，「専門的な知識と経験を持つ金融機関等」を同一に扱うことはできない。銀行や保険会社等の金融機関は，一般投資家に対して「適格機関投資家」と呼ばれ（2条3項1号），情報開示等の法規制が緩和される一方で，顧客資産の受託者の責任として，スチュワードシップ・コードの遵守が求められる場合もある。

　適格機関投資家を含む広義の「特定（プロ）投資家」については，投資勧誘における説明義務等の規制が免除され，プロ向け市場にも参加できる（2条31項等）。他方，証券市場の国際化が進み，外国人投資家（外資系の金融機関・投資ファンド等）も存在感を増しているため，英語による情報開示等が一定程度許容されている（24条8項等）。このほか，一般の企業（法人）も企業同士の株式の持ち合いを含め株式への投資を行っており，デリバティブ取引を用いた金利・通貨等の変動リスクのヘッジ（保険）の利用も多い。

＜ポイント：暗号資産（仮想通貨）の規制＞

　近年，暗号資産（仮想通貨から呼称を変更）に関し，利用者の資産の流出トラブル等の様々な社会的問題が浮上している。過当投機の弊害や詐欺的な勧誘行為等の問題も指摘された。そのため，国際的な取締りの要請と利用者の保護の観点から，令和元年の改正により，金商法の規制が横断的に導入されている。その内容は金商法の規制体系の全体像を知るうえでも，有益である。

1. 金融商品に包含

　「暗号資産（crypto-asset）」は，金融商品の定義に含まれる。そこで，暗号資産を用いたデリバティブ取引は規制の対象になり，業者にその性質等の説明義務等が課されている（2条24項，43条の6等）。暗号資産の証拠金取引は，外国為替証拠金取引（FX取引）と同様に，販売・勧誘等の規制を受ける。

2. 情報開示規制と業者規制

　集団投資スキーム持分（ファンド持分。いわゆる第2項有価証券）の定義規定（2条2項5号）等の適用に際し，暗号資産は金銭とみなされる（2条の2等）。また，ICO（Initial Coin Offering）による資金調達における流通性が高いトークン（デジタル権利証）の発行については，金商法2条2項各号の権利（匿名組

10

合出資持分も含む）の取得勧誘も電子記録移転権利とされ，流通性の高い第１項有価証券の募集として情報開示等の規制対象になる（２条３項かっこ書等）。

　電子記録移転権利の売買や募集等の取扱い等の業務は，原則として第１種金融商品取引業（証券会社等）の厳格な規制を受けるが，電子記録移転権利の自己募集業務は第２種金融商品取引業（ファンド業者）としての規制に止まる（28条１項１号かっこ書等）。有価証券の定義を満たさないトークンの発行を伴う暗号資産のICOは，資金決済に関する法律（資金決済法）により規制されている。なお，交換業者が審査に責任を持つ，IEOもある（EはExchange）。

3.　不公正取引の規制

　暗号資産の取引等には，包括的に不公正な取引が禁止される（185条の22以下等）。すなわち，暗号資産の売買やデリバティブ取引等（暗号資産関連デリバティブ取引等）について，①不正の手段・計画・技巧等の不正行為が禁止されるほか，②風説の流布・偽計・暴行・脅迫が禁止され，③不当な価格操作等といった相場操縦行為も禁止されている。

　他方，資金決済法は，暗号資産交換業者に対し，顧客の暗号資産を信頼性の高い方法で管理することなどを義務づけている。また，資金決済法は，虚偽表示・誇大広告等の勧誘を禁止するとともに，暗号資産の管理のみを行う業者（カストディ業者）にも，一定の規制を及ぼしている。暗号資産は不特定の者を相手方とする財産的価値で，電子情報処理組織で移転できるものと定義される（同法２条５項）。自主規制機関としては，日本暗号資産取引業協会が重要である。

◆　検討課題

(1)　株式投資のメリットや仕組みは，どのようなものか。上場の意義はどこにあるか（第９章第２節参照）。有価証券と機関投資家とは何か。証券市場の株価はどのように決まり，経済全体にどういった影響があるのか。

(2)　金商法の意義と役割について，改正の歴史とともに説明しなさい。金商法の目的はどうなるか。発行市場・流通市場や自己責任の原則とは何か。

(3)　金商法の主な内容と証券市場の監督機関について，説明しなさい（第10章参照）。金商法と会社法はどのような関係にあるか（巻末の資料の４も参照）。

(4)　暗号資産（仮想通貨）とは何か。金商法上，暗号資産はどのように規制されているのか。資金決済法の暗号資産の規制はどうなっているか。

第2章

有価証券とデリバティブ取引・
情報開示の意義

　この章では，金商法の主な規制対象である金融商品として，「①有価証券（株式・社債等）と②デリバティブ取引（先物取引・オプション取引等の金融派生商品）」の内容や意義について，説明していく。多様な投資対象の分類と特色が重要である。また，金商法全体に関わる情報開示規制の概要を取り上げる。

【設　例】

　Aは金融商品として，株式よりも安定性のある有価証券への投資を考えている。投資対象には，どのような種類の有価証券があるのだろうか。

　債券は株式と比べて，どういった特色を持っているか。ファンドとは何か。

第1節　有価証券とは何か

1　有価証券の意義と特色

　金融・資本市場の投資対象である金融商品は，株式等の有価証券が中心になる。ただ，「株式以外の投資対象」も多く，重要性を増している。

　金商法はその適用対象として，代表的な金融商品である株券や社債券のほか，様々な有価証券を多数列挙している。これらの有価証券は原則として，①情報開示規制，②不公正取引の規制，③金融商品取引業者等の規制について，包括的に対象となる。ワンセット主義という。そうしたルールに違反した場合には，

刑事罰等のペナルティーが科されるため，明確性の観点から有価証券は限定的
に列挙され，必要に応じて政令により追加指定されている（次頁を参照）。

　有価証券については，投資性が重視され，株式や社債等のように，「リスク
とリターン（収益）を伴う投資商品（金融商品）」になる。そこで，金商法の有
価証券の範囲のなかには，原則として商法上典型的な有価証券とされ，取引の
支払手段である手形や小切手は入らない（CP等を除く）。他方，比較的長期の投
資に向き，市場経済的な意義の大きい投資信託や資産流動化による証券化商品
等が，市場取引の対象として多数含まれている（次頁の２条１項を参照）。

　これに対し，アメリカは，種々の証券を広く列挙したうえで，「投資契約
（investment contract）」という包括的文言を活用する判例法理によって，柔
軟に法規制の適用対象を解釈し，悪質な証券詐欺等に対処している。アメリカ
では主に，①出資金を集める，②共同で管理運営する，③利益を分配する，と
いう３つの要素を満たす場合には，投資契約として証券諸法等による規制対象
に含まれる。わが国の有価証券の定義は，金商法上の刑事罰等の適用範囲を明
確かつ限定的に定めるものであるため，アメリカのように「幅広い有価証券」
の概念を採用するのには困難な側面もある。

争点

有価証券の意義・法的性質を巡る論争

　金商法上の有価証券（securities）の性質を，理論上どのように把握すべき
かという点については，多くの議論がある。第１に，「投資証券説」がある。経
済的に有価証券を，①金銭証券（手形・小切手等），②物品証券（運送証券・倉
庫証券等），③企業経営に対する投資上の地位を表す投資証券・資本証券（株券・
社債券等）に区分し，金商法の有価証券は，③の投資証券を意味すると考える。

　第２に，「仕組性のある投資上の地位」とする見解もある（仕組性説）。「金融
の証券化」を踏まえ，株式等の企業金融型証券と資産金融型証券を合わせて，資
本市場において投資対象となりうるように仕組まれたものとする。

　第３に，「市場性説」が近時かなり有力である。前述した法目的における市場
法説に基づいて，①市場取引の適格性（取引客体の均一性・同質性・多量性・長
期保存性・評価可能性・信頼性・譲渡可能性）と②国民経済的意義を，有価証券
の判定基準とする。市場メカニズムによる一貫した理論的な説明が可能になる。

証券取引所の上場基準も参考になりうる（第9章第2節を参照）。最近では，暗号資産（仮想通貨）やデジタル証券の有価証券性が活発に議論されている。

2　基本となる有価証券（2条1項）

図表2-1　企業金融型と資産金融型の区分

```
┌「企業」金融型証券 ──→ 株券，社債券等。伝統的な有価証券
└「資産」金融型証券 ── 資産流動型→資産流動化法上の証券
  └→特定有価証券     └ 資産運用型→投資信託等
```

(1)　2条1項の有価証券

　金商法の有価証券は，2条1項の定義により，①〜㉑まで多数列挙されている。主に証券市場における投資対象であり，国民経済的に重要な意義を持つ。

　まず，①国債証券，②地方債証券（都道府県等といった地方公共団体が発行），③特別法により法人の発行する債券（農林中央金庫等が発行する金融債，道路債券や住宅債券等の政府保証債，放送債券等の特殊債），④資産流動化法上の特定社債券，⑤社債券，⑥特殊法人の発行する出資証券（日本銀行の出資証券等），⑦協同組織金融機関の優先出資証券（信用金庫や農林中央金庫等が発行），⑧資産流動化法上の優先出資証券・新優先出資引受権を表示する証券，⑨株券・新株予約権証券，がある。債券から株式等の出資証券の順番になっている。

　次に，⑩投信法上の投資信託・外国投資信託の受益証券，⑪投信法上の投資証券・新投資口予約権証券または投資法人債券・外国投資証券，⑫貸付信託の受益証券，⑬資産流動化法上の特定目的信託の受益証券，⑭信託法上の受益証券発行信託の受益証券，⑮コマーシャル・ペーパー（CP），⑯抵当証券，⑰外国や外国の者の発行する証券・証書で①〜⑨または⑫〜⑯までの性質を有するもの，⑱外国銀行等の貸付債権信託の受益証券（カード・ローンや住宅ローン債権等の証券化）等，⑲オプションを表示する証券・証書（カバードワラント），⑳預託証券・証書（発行国以外で証券等の預託を受けた者が発行するもの。Depositary Receipt, DR），㉑流通性その他の事情を勘案し，公益や投資者保護

の確保の必要性から政令で定める証券・証書（政令指定条項），もある。

　なお，㉑については政令により，外国法人の譲渡性預金証書（海外CD）と，学校法人等の学校債券の2つが指定されている（施行令1条）。

┌──┐
◁ **ポイント：「債券」とは何か～株式との違い～** ▷

　重要な金融商品として，債券がある。債券とは，会社・金融機関・国・地方公共団体等が，資金を調達するために発行する有価証券である。発行する側が資金を拠出する投資者に渡す借用書に相当する。債券は株式と異なり，満期が来ると元本が返済され（償還），一定の利息が支払われるという「安定性がある」（ローリスク）が，配当や議決権等はない。債券は企業の債務であり，借入金になるのに対し，株式は返済の必要がない出資として資本金等になる。

　債券は，社債や国債が典型例になるが，発行者・期間等によって多様性がある。社債には，転換社債型新株予約権付社債（CB，Convertible Bond）といった株式に転換できる権利の付いた，株式との中間的なものも存在する。

　また，「仕組債」と呼ばれ，利息・元本が株価・金利・為替等に連動して変動するタイプの金融商品も多い。仕組債には，株価の動きによっては株式で償還される他社株式償還条項付社債（EB債，Exchangeable Bond）等がある。
└──┘

(2)　有価証券の主な分類

　以下においては，金商法2条1項の①～㉑までの市場で投資対象となりうる有価証券について説明していく。第1に，会社の発行する⑨の株券や⑤の社債券が，株式市場・証券市場の中心である。「企業金融型証券」といわれる。

　株券は，株主の地位・権利である株式を表章するものである。新株予約権は，将来一定の条件下で会社に対して行使すれば，株式の交付を受けることのできる権利になる（会社法2条21号。潜在的株式）。資金調達やストック・オプション（自社株購入権）等の役員報酬，買収防衛策等に活用されている。

　社債は，会社を債務者とする金銭債権である（会社法2条23号）。普通社債（SB，Straight Bond）のほか，新株予約権付社債（転換社債（CB）等）もある。なお，国・地方自治体等といった公共団体や特殊法人・金融機関等が発行している①～③・⑥・⑦も，活動に必要な資金を集めるための有価証券になる。

　第2に，アメリカから派生した「金融の証券化（securitization）」等に関連す

る，⑮・⑯・⑱・㉑の海外CD（Certificate of Deposit）がある。わが国の金融機関の発行するCDは通常の指名債権とされている。⑮のCPは，法人が短期の事業等に必要な資金を調達するための約束手形である。経済的には短期社債の一種と見ることもでき，大企業を中心に利用されている。CPは銀行等が交付した，「CP」の文字が印刷された用紙を使用して発行する（定義府令2条）。

　第3に，「資産金融型証券（Asset Backed Securities, ABS）」も重要である。「金融の証券化」によるものが多く，金商法上「特定有価証券」と呼ばれ，種々の特則がある（施行令2条の13）。資産金融型証券は，株券等の企業金融型証券とならび，証券市場の大きな部分を占めている。資産金融型証券には，④・⑧・⑬といった「資産の流動化に関する法律」（SPC法）に基づき発行されるものに加え，⑮のCPのうち資産流動化法上の特定約束手形，⑯の抵当証券（抵当権付債権を小口化した証券），次に見る投資信託関連のうち⑩⑪⑭⑱のほか，有価証券信託受益証券や有価証券投資事業権利等（3条3号）も含まれる。

　「資産の流動化」とは，不動産やまとまった債権等の特定の資産を原保有者（オリジネーター）から切り離し，その資産価値等を裏付けとして多数の投資者に証券を発行するものである。企業には保有資産の証券化により現金を手に入れるメリットがあり，投資者にとっては資産の裏付けという安心感がある。

　資産を流動化するための主体が「特定目的会社（SPC, Special Purpose Company）」であり（広義のSPVの中心），SPCの資金調達手段である「資産対応証券」が，④と⑧になる（株式会社の社債と株式に相当）。⑮のうちの特定約束手形も利用されている。SPCの設立手続は，株式会社と比べて簡易化されており，税制上の優遇措置もある。⑬は信託銀行等が関与する証券である。

(3)　投資信託等の関連証券

　第4に，投資信託・信託の関連証券がある。「資産運用型証券」ともいう。⑩・⑪が投資信託の関連証券であり，投信法に規定されている。⑫・⑭・⑱は，信託の関連証券になる。証券会社や銀行等による投資信託の販売数が多い。

　投資信託（Investment Trust）とは，投資者から集めたまとまった資金（信託財産）を「運用の専門家」が国内，海外の株式・債券・不動産等に投資運用

し，成果を投資者にリターン（収益）として分配するものである。投資信託のメリットは，①小口投資・②分散投資・③専門家（プロ）による運用が可能になる点にある。デメリットには，①運用報酬や手数料の必要性，②株主権（配当や議決権）等が直接行使できないこと，③元本の保証がないこと等がある。

「契約型の投資信託」では資金の管理が厳格であり，①販売会社（証券会社等），②運用を指図する運用会社（委託者・投資信託運用会社），③資産の管理等を行う受託者（信託銀行）が役割を分担し，投資家は受益者になる。運用会社には，投資運用業のルールやスチュワードシップ・コードも重要である。

◁ポイント：不動産投資信託とREIT▷

　不動産投資信託は，ビル・マンション等を購入し，賃貸収入や物件の売却益等を投資者に分配する。REIT（Real Estate Investment Trust，リート）といわれ，日本のものを，J-REITと呼ぶ。REITは，「会社型投資信託」であり，上場されているものもある。REITは，不動産会社が設立母体となることも多い。

　会社型投資信託では投信法に基づき，投資法人が投資主（株式会社の株主に相当）を募集し，投資主に投資口を表章する「投資証券」（株券に相当）を発行する。不動産が裏付けとなるため，株式と比べて安定的な側面を持つ。

　また，投資信託のうち上場し，株価指数等の指標への連動を目指すものを，ETF（Exchange Traded Funds）といい，TOPIX連動型等がある。投資信託のうち，投資信託証券へ投資するものをファンド・オブ・ファンズ等という。

---

③　みなし有価証券（2条2項）

(1)　第1項有価証券と第2項有価証券

図表2-2	有価証券の第1項・第2項の区分

┌ 第1項有価証券→株券等。流動性が高く，開示が必要
│　　＋証券不発行のみなし有価証券（2項柱書前段・中段）：振替株式等
└ 第2項有価証券→流動性が低い組合型のファンド等（2項後段・各号）

有価証券に表示されるべき権利（有価証券表示権利）については，有価証券

が発行されていない場合でも，当該権利は有価証券とみなされ，また，電子記録債権のうち，流通性その他の事情を勘案し，社債券その他2条1項各号のものも政令の定めにより有価証券とみなされうる（2条2項柱書前段・中段）。後者を特定電子記録債権という（現在はない）。そこで，上場会社の株券等は取引の迅速化等のため，電子化・ペーパレス化されているが（平成21年以降），有価証券とみなされる。これらを流動性の高い「第1項有価証券」という。

　これに対し，証券または証書に表示されるべき権利以外の権利であっても，次のように有価証券とみなされ，規制対象に含まれるものがある（2条2項後段1号〜7号等）。「第2項有価証券」といい，第1項有価証券と比べ，流動性が低い。それは，①信託の受益権，②外国信託の受益権，③合名会社・合資会社の社員権または合同会社の社員権，④外国法人の社員権で③の権利の性質を有するもの，⑤集団投資スキーム持分，⑥外国集団スキーム持分，⑦その他政令で定める権利（学校法人等に対する貸付債権），である（施行令1条の3の4）。③の合名会社・合資会社の社員権は，無限責任社員のすべてが株式会社または合同会社である場合に限って，有価証券とみなされる（施行令1条の2）。

(2)　組合型のファンドと集団投資スキーム持分

　⑤の集団投資スキーム持分とは，主に組合型のファンドの包括条項である。すなわち，「民法上の組合，商法上の匿名組合，投資事業有限責任組合（LPS），有限責任事業組合（LLP）」といった組合契約に基づく権利，社団法人の社員権その他の権利のうち，出資者が出資または拠出をした金銭（手形や競走用馬等も含む）を充てて行う事業（出資対象事業）から生ずる収益の配当または財産の分配を受けることができる権利になる（2条2項5号，施行令1条の3等）。

　ただし，次のものは規制の必要性が乏しいため，除外される（2条2項5号イ〜ニ，施行令1条の3の3等）。①出資者の全員が出資対象事業に関与する場合（投資クラブ等），②出資者が出資額等を超えて収益の配当等を受けない場合（マンションの管理組合等），③保険業法上の保険契約・農業協同組合法上の共済契約等（他の法律で規制されているため），④その他公益または出資者の保護のため支障を生じないもの（公認会計士や弁護士等のみを当事者とする組合契約，従業員等の持株会等），である。こうした第2項有価証券には，第1項有価証券

と比べて，情報開示規制や業者規制について種々の重要な違いがある。

(3) 組合型のファンドの規制

　組合型のファンド等には，詐欺的行為等を防ぐため，種々の規制が行われている。第１に，情報開示規制がある。ファンドには，主として有価証券に対する投資を行う「投資型ファンド（有価証券投資事業権利等）」のほか，有価証券以外に対する投資を行う「事業型ファンド」がある。投資型ファンドには情報開示規制が適用されるが，事業型ファンドは届出制度の適用除外とされ（３条３号），業者からの直接の書面交付により情報が提供される（37条の３）。

　第２に，業者規制がある。ファンド持分の販売・勧誘（自己募集）は，原則として第２種金融商品取引業者に関する規制を受ける（28条２項）。そこで，勧誘の際には，投資者に対する書面交付・説明義務が課される（37条の３第３項）。また，ファンドの資金で有価証券やデリバティブ取引への投資運用をする場合，投資運用業者として厳しい規制を受ける（28条４項）。もっとも，プロ投資家向けファンドの場合には登録を要求されず，簡易な届出でよい（63条２項）。「適格機関投資家等特例業務」といわれる（第８章第２節②参照）。

＜ ポイント：集団投資スキームと種々のファンド ＞

　集団投資スキームには，種々のいわゆる「組合型ファンド」がある。その対象となる事業は広く，ベンチャー・ファンド，不動産ファンド，ラーメン・ファンド，アイドル・ファンド，映画ファンド等も要件を満たすものは含まれる。

　このようなファンドは最近増えているが，詐欺的なものも見られる。「高配当で必ずもうかる」などと虚偽の説明をして資金を集めたり，無登録で出資を募った事件の被害者は多数に上る。そのため，金融庁等も対策を強化している。

　他方，巨額の投機資金を世界的な規模で運用して，利益を狙う「ヘッジ・ファンド」は，市場の撹乱要因や各国の経済を揺るがすことがあり，不正の監督等といった規制の在り方が国際的な課題になっている。なお，ファンドには，組合型，会社型（投資法人等），信託型（投資信託等）といった様々な形態がある。

第2節　デリバティブ取引とは何か

【設 例】

　A会社は，他社の株式や債券を保有している。そこで，A会社は，株価の下落やそれらを発行している企業の「経営破綻等のリスク」を心配している。

　そうした投資に関するリスクに対処する重要な方法である，デリバティブ取引とは何か。デリバティブ取引には，どのような種類があるか。

1　デリバティブ取引の意義と種類

　【設例】のようなA会社のほか，個人の投資者であっても，「投資リスクに備えたい」という実際上のニーズは多い。そこでは，デリバティブ（金融派生商品）取引の活用も有力な手段のひとつになる。デリバティブ取引は，金融商品や金融指標を対象とした，主に①先物取引，②オプション取引，③スワップ取引，④クレジット・デリバティブの4つを総称するものである。

　これらは将来予測に基づく「金融派生商品」と呼ばれ，現時点を基準とする「現物取引」と対比される。対象となる原資産から派生した取引である（2条21項以下）。デリバティブ（derivative）取引には，少ない証拠金で大きな取引が可能な「レバレッジ（てこ）の効果」がある。そのため，主にリスクのヘッジ（回避）として保険に類似した役割や投機のほか，株価等の将来予測を目的として活発に利用されている。

　リスクも大きいが，市場で重要な役割を持ち，基本となる①〜④の取引手法を組み合わせた取引も多い。なお，①市場デリバティブ取引は，金融商品市場で一定の基準と方法に従ったものであるが，②店頭デリバティブ取引は，市場によらないで行うものであり，③外国市場デリバティブ取引は，外国市場で行うものになる（2条20項）。

2 先物取引等の意義

図表2-3	デリバティブ取引の分類

- ①先物取引―――――→将来の金融商品の売買等の約束
- ②オプション取引――→将来の売買選択権の取引
- ③スワップ取引―――→将来の債権・債務の交換
- ④クレジット・デリバティブ→企業の信用悪化等で金銭を支払う取引

　第1に,「先物取引 (futures)」とは,将来の一定の時期（期限日）に,金融商品と対価の授受等を約束する売買等で,転売や買戻し等による差金の決済ができるものである（2条21項1号・2号）。店頭デリバティブ取引では,先渡 (forward) 取引という（2条22項1号・2号）。将来の株価変動に関するものとしては,TOPIX（東証株価指数）先物,日経平均株価先物等がある。

　第2に,「オプション取引」とは,将来の期日までに当事者の意思表示により,一定の価格で一定の数量の取引を成立させることのできる選択権（オプション）の取引である（2条21項3号・22項3号・4号）。買う権利をコール・オプション,売り付ける権利をプット・オプションという。個別株式オプションや日経平均株価指数オプション等がある。今後の株価の変動リスクに備える。

　第3に,「スワップ (swap) 取引」とは,将来の一定期間にわたり,当事者間において性質や条件の異なる債権・債務を交換したのと同じ効果を生じるように,金融商品の利率等や金融指標の変化率に基づいて金銭の支払等を相互に約する取引である（2条21項4号・22項5号）。例えば,金利スワップ取引では,一定期間における固定金利と変動金利など,異なる金利の支払を交換したのと同じ効果を得ることができる。また,通貨スワップ取引は,一定期間における円とドルなど,異なる通貨のキャッシュフローを交換するものである。将来の金利や通貨の変動リスクに備えることが可能になる。

　第4に,「クレジット・デリバティブ」とは,当事者の一方が金銭を支払い,将来一定の事由が発生した場合に,相手方が金銭を支払うことを約する取引である（2条21項5号・22項6号）。一定の事由には,①法人の信用状態に係る事

由（経営再建等の目的の金利減免，利息・元本の支払猶予等），②当事者が影響を及ぼすことが不可能または著しく困難で，当事者その他の事業者の活動に重大な影響を与えるもの（暴風，豪雨，地震，津波，噴火，戦争，革命等），がある（施行令1条の14）。将来，企業の信用が悪化したとき等に，金銭を受け取ることができるため，保険類似の機能を果たす。保険デリバティブともいう。

◁ **ポイント：店頭デリバティブ取引の増加とその規制** ▷

　近年，取引所を通さず，相対（あいたい）で行われる店頭デリバティブ取引ないしOTCデリバティブ（Over-The-Counter derivative）が急増している。「店デリ」という。銀行等の金融機関や事業会社が主な利用者である。世界中で巨額の取引が行われており，リスク管理システムの構築が課題になっている。

　特に利用が多いのは，将来の金利の変動リスクをヘッジ（保険）するための金利スワップや，企業の信用状況の悪化リスクをヘッジするクレジット・デフォルト・スワップ（CDS）である。規模の大きい店頭デリバティブ取引等については，原則として金融商品取引清算機関等の利用を義務づけることで取引の安全性を図り，指定を受けた「取引情報蓄積機関」等が取引情報の保存や行政への報告・公表を行っている（156条の62以下）。なお，担保権の設定による証拠金の授受の際には，債権債務と証拠金を一括して円滑に清算することもできる。

---

③ デリバティブ取引の対象～金融商品と金融指標～

　デリバティブ取引の対象（原資産）には，金融商品と金融指標の2つがある。第1に，「金融商品」は，①有価証券，②預金契約に基づく債権その他の権利等，③通貨，④暗号資産，⑤商品，⑥同一の種類のものが多数存在し，価格の変動が著しい資産のうち政令で定めるもの，⑦①②④のうち市場デリバティブ取引を円滑化するため利率・償還期限その他の条件を標準化して設定した標準物（国債証券で設定），である（2条24項）。外国為替証拠金取引は，③の通貨に関するものになり，④はいわゆる仮想通貨に関する取引を意味する。

　第2に，「金融指標」とは，①金融商品の価格または利率等，②気象庁その他の者が発表する気象の観測の成果に係る数値，③その変動に影響を及ぼすことが不可能か著しく困難であって，事業者の事業活動に重大な影響を与える指

標または社会経済の状況に関する統計の数値（商品指数を除く），④①〜③に基づいて算出した数値，である（2条25項）。②は気温等の天候デリバティブを，③はGDP（国内総生産）などを適用対象とするものになる。

第3節　情報開示（ディスクロージャー）の意義と概要

1　企業情報の開示と証券市場

　金商法上の情報開示は，証券市場に参加する「投資者の投資判断」に役立つ情報を，上場会社等の有価証券の発行者等に，強制的に開示させる制度である。証券の発行・流通市場の情報開示は，企業内容等開示制度（ディスクロージャー制度）といわれる。適切な情報開示は証券市場の公正な価格形成に繋がる。それらの開示内容は，主に有価証券を発行する企業の事業内容・財務内容や，売上等の決算情報であるが，役員・主要株主の異動や合併・解散，災害等の重要な企業情報のほか，種々のマーケット情報も含まれる。企業買収（M&A）等では，株券等の大量取得や保有状況の情報の開示が重要になる。

　法律の強制により，企業等には良い情報だけでなく，悪い情報（バッド・ニュース）の開示も義務づけられる。公認会計士・監査法人の監査証明等や，違反した場合のペナルティにより，情報開示の信頼性を確保している。

　また，情報開示の電子化・IT化として，金商法上の開示書類の多くの提出・審査・公衆縦覧等は，EDINET（エディネット，開示用電子情報処理組織）を通して行われる（27条の30の2以下等）。第1に，電子開示手続は，有価証券届出書や有価証券報告書等とその訂正報告書・添付書類で義務づけられる。

　第2に，任意電子開示手続は，有価証券通知書や発行登録通知書等で利用できる。また，金融商品取引所または認可金融商品取引業協会等に提出・送付すべき書類の写しについても，広く電子開示で代替されうる（27条の30の6等）。国や金融商品取引所等は，提出された開示書類を法定の期間，公衆の縦覧に供する（27条の30の7・8等）。公開買付届出書や大量保有報告書等の写しの送付に代わる電子提供は，被提供者から書面・電磁的方法により承諾を得たうえで可能になる（27条の30の11等）。

　こうした開示書類に誤りや不備等がある場合には，自発的な訂正報告書等の提出や行政による訂正命令等のルールが各所に規定されている（7条，9条等）。行政には，縦覧書類の提出者や関係者等に対する報告の徴取，帳簿書類等の検査等の権限も付与されており，その役割が重要になる（26条，27条の22，27条の30等。第10章第2節②参照）。そうした上場会社等に対する開示検査等の活動は，「開示行政」ともいわれる。

┌─ **会社法の関連テーマ：会社法上の情報開示システム** ─┐

　株式会社に対しては，会社法によっても主に「株主や会社債権者向けに」，各種の情報開示が求められている。会社法の情報開示システムには，株主への直接の通知のほか，商業登記による公示（役員名や資本金等），新聞公告や各会社のホームページ上のもの（決算，合併等）等がある（同法911条，440条等）。

　それらの情報により，会社の重要な利害関係者である株主は，必要な経営監督や投資判断を行う。また，会社債権者は，取引先の信用状況をチェックする。

　これに対し，金商法上の情報開示では，主に投資者・証券市場が対象になる。有価証券の発行市場や流通市場等において，広く詳細な開示を求めている。

└────────────────────────────────┘

②　情報開示の基本的な区分

　金商法上の情報開示は主に，①有価証券の発行者等による発行市場向けのもの（発行開示書類），②流通市場向けのもの（継続開示書類），③上場株券等の大量取得者に求められる公開買付制度（いわゆるTOB）・大量保有者による大量保有報告制度（5％ルール），に分類される（次のページの図表2-4を参照）。②の有価証券報告書等の継続開示書類による開示が中心になる。

　①と②は，主に証券の発行者が行う情報開示である。③では，上場株券等の大量取得者等に情報開示が求められる。また，開示の方法には，投資者に直接交付されるもの（直接開示）のほか，証券取引所等や金融庁のホームページのEDINET等により間接的に開示されるものがある（間接開示）。間接開示として，図表2-4にある，法定の開示書類等（縦覧書類）が「公衆縦覧型の開示」の対象になる（25条等）。金商法と会社法の情報開示の区分も重要である。

　さらに，法律が強制する法定開示のほか，上場会社に対しては証券取引所が

自主ルールにより重要な企業情報の開示を迅速かつ適時に求めており，重要な意義を持つ。適時開示（タイムリー・ディスクロージャー）と呼ばれる。東京証券取引所では，「TDnet（Timely Disclosure network）」による開示となる。

図表2－4	情報開示規制の全体の概要

```
上場会社等 ──→証券市場・投資者に重要な情報を開示
┌①発行市場→有価証券届出書・目論見書等：本書の第3章
├②流通市場→有価証券報告書・四半期報告書等：第4章
└③大量取引→公開買付届出書・大量保有報告書等：第5章
  └──→その他：証券取引所による適時開示・決算短信等
```

3 情報開示の適用除外

　情報開示規制には必要性を考慮し，適用除外となる有価証券があり，開示免除有価証券という。すなわち，①国債証券と地方債証券，②特殊債・特殊法人の出資証券・貸付信託の受益証券（社会医療法人債券を除く），③集団投資スキーム持分等の「みなし証券」（「有価証券投資事業権利等」と電子記録移転権利等を除く），④政府が元本の償還等を保証する社債券，⑤その他政令で定めるもの（政府が同意した加盟条約機関が発行する債券）については，金商法第2章の情報開示規制の適用が免除されている（3条1号～5号等）。なお，開示免除有価証券についても，不公正取引の規制や業者規制は適用される。

　開示規制が免除される理由は何か。債務不履行（デフォルト）の危険が少ないことや，特別法の規制の存在等にある。③の集団投資スキーム持分等については，主として（総出資額の50％超）有価証券に投資を行う事業に係る投資型ファンドは規制対象とされる一方で，主として有価証券以外への投資を行う事業型ファンドは対象外になる（3条3号かっこ書）。有価証券に対する投資は，証券市場にとって重要な情報であるため，そうした区分が設けられている。

⟨　ポイント：フェア・ディスクロージャー・ルール　⟩

　フェア・ディスクロージャー（FD）・ルールとは，上場会社の公平な情報開示に関する規制である。投資者の間の情報開示の公正性や平等性を確保する趣旨による（平成29年改正で導入）。特定の第三者への秘密情報の提供が問題となる。

　FDルールによれば，上場会社やその役員等（IR部門等）が公表前の重要情報を，一部の「取引関係者（証券会社，証券アナリスト，機関投資家等）」に提供したとき，①意図的な伝達の場合は同時に，②意図的でない伝達の場合は速やかに，その情報を自社のホームページやEDINET等で公表しなければならない（27条の36以下等）。公表がなされない場合，行政監督上の措置が行われうる。なお，報道機関や取引先への伝達，モザイク情報等は規制の対象外とされている。

◆　検討課題

(1)　金商法上の有価証券の意義と特色は何か。株式等の「企業金融型証券」の内容と金融の証券化について，検討しなさい。CPや債券とは何か。

(2)　投資信託とは何か。投資信託のメリットとデメリットは，どのようなものか。投資運用業の意義と内容を説明しなさい（第8章第2節④を参照）。また，スチュワードシップ・コードとは何か（本書の資料(1)も参照）。

(3)　資産の流動化やSPCの役割とは何か。また，不動産投資信託ないしREITの意義と仕組みを説明しなさい。ETFとは，どのような金融商品か。これらにつき，投資信託協会のホームページの解説も参照。

(4)　「みなし有価証券」や第2項有価証券とは何か。集団投資スキームと投資ファンドの意義はどのようなものであり，どういった問題があるのか。

(5)　デリバティブ取引について，説明しなさい。金利スワップ，店頭デリバティブ，天候デリバティブ，FX取引，暗号資産（仮想通貨）とは何か。

(6)　金商法の情報開示規制の意義と区分について，説明しなさい。会社法の情報開示とは，どう違うか。フェア・ディスクロージャー・ルールとは何か。

第3章

発行市場の規制

この章では，前章における情報開示の総論に続き，「発行市場（primary market）」に関する情報開示と行為規制の具体的な内容を検討していく。

発行市場のメカニズムでは，株式等の有価証券が多数の投資者に発行される。その場合，発行者（会社）に対しては，①有価証券届出書や目論見書等による公正な情報開示のルールに加えて，②一定の行為規制・取引規制が求められる。証券の公募等の際には，公正な価格形成を確保するため，虚偽の情報開示等といった不正行為や投資者への不当な勧誘等を防止する必要性が強くなる。

金商法の条文の構成は，発行市場から流通市場へと規定されており，本書もその順番で説明している。しかし，実際には，日々多くの株式等が取引される証券取引所等の流通市場が中心であり，理論上発行市場は，高度に発達した「巨大な流通市場への参入段階」と位置づけられる。そのため，本章は次の第4章の流通市場の後で考えてもよいし，同時に検討することもできる。

第１節　発行市場における情報開示と行為規制

【設　例】────────────────────────

A会社では，事業拡大のための資金が必要になっている。そこで，同社は多数の投資者に対し，新たに大量の株式を発行しようとしている（公募増資）。

どのような方法で有価証券を発行する場合に，行政当局に届出が必要になるのか。発行市場の情報開示で中心になる，「有価証券届出書」とは何か。

1 なぜ発行市場の規制が必要か

【設例】のように，企業は資金調達のため，株式等の有価証券を多数の投資者に発行する。そのプロセスを「発行市場」という。証券の発行は，流通市場に参入する前提であり，証券市場規制におけるスタートの段階に当たる。

なぜ発行市場を規制する必要があるのであろうか。発行市場では一般に，短期間に大量の株式等の購入が不特定多数の投資者に勧誘される。発行時には流通段階と異なり，投資者には短期間に買うかどうかの投資判断が迫られる。

その際，発行者と投資者との間における情報格差・非対称性により，「公正な価格形成」が困難になりがちである。証券の発行時には，投資者の平等性が確保されにくいため，不当な勧誘や相場操縦のおそれも生じる。

実際，株式等の販売を巡ってはトラブルも多い。そこで，公正な資本市場のルールとして定型化・様式化した情報開示が義務づけられ，行政上のチェックにより情報格差の解消と訴訟リスクの低減が図られている。それとともに，一定の行為規制も求められる。

2 発行市場における情報開示等の概要

図表3−1 発行市場における情報開示等の全体像

証券を「募集・売出し」により勧誘

発行者（企業）—————→投資者

①有価証券届出書→行政当局に提出・審査，間接開示
└→届出の前は勧誘禁止・効力の発生前は取引禁止
②目論見書—————→投資者に直接交付，直接開示

発行市場における情報開示は主に，①有価証券届出書の行政当局への提出と，②目論見書の投資者への交付等からなる。さらに，行政当局への届出前の勧誘の禁止に加え，届出の効力発生前の取引禁止等の実体的な行為規制により，市場の公正・平等が図られる。日本証券業協会の自主ルールも重要になる。

証券の発行に当たり，株式等の販売の仲介役として投資者に勧誘を行うこと

で，証券の販売の手助けをするのが，証券会社の主な役割である。証券会社の勧誘については，説明義務等の勧誘規制も重要性が大きい（第7章を参照）。

第2節　発行開示と有価証券届出書

1　募集・売出しと有価証券届出書等

(1)　有価証券届出書の提出義務が課される範囲

　総額1億円以上の有価証券の「募集（公募）または売出し」において，原則として多数の者（50名以上）に対し，有価証券の勧誘を行う場合，発行者は有価証券届出書を内閣総理大臣（各地の財務局）に提出しなければならない（4条1項，施行令1条の5等）。1億円の計算上，過去1年以内の同一の種類の証券の発行は通算され，募集と並行して実施される発行（並行募集等）にも届出義務が生じる（開示府令2条4項等）。

　ただ，5億円以下の募集等の場合，簡易な届出も認められる（5条2項等。少額募集等）。1億円から1000万円までは有価証券通知書でもよい（少額免除）（後述）。1000万円以下では，届出等は不要である。

　勧誘対象者の計算において，株式等の流動性の高い第1項有価証券については50名以上が基準になるが，50名の計算の際，適格機関投資家は除外される（転売のおそれが少ない場合。2条3項1号かっこ書等）。プロを除く趣旨である。

　なお，組合型ファンド等の第2項有価証券（みなし有価証券）は，相当程度多数の者（500名以上）が所有することになる場合に規制対象に含まれる（2条3項3号，施行令1条の7の2等）。流動性が低ければ，規制をするニーズも少ないため，人数に差異があり，勧誘人数ではなく，所有者数が基準になる。

　有価証券届出書の提出義務が生じるのは，多数の投資者に有価証券の「募集または売出し」をする場合が原則であり，多人数向け取得勧誘という（文書等で勧誘）。ただし，勧誘相手が少人数やプロの場合等の例外が重要になる。

　有価証券の「募集（公募）」とは，新たに発行される有価証券の取得の申込みの勧誘であり，取得勧誘にはその類似行為も含まれる（2条3項等）。取得勧誘であって，有価証券の募集に該当しないものを「私募」という（同項）。

　それに対し，「売出し」は，すでに発行された有価証券の売付けの申込みや買付けの申込みの勧誘（売付け勧誘等）である（2条4項等）。募集は新規発行証券であるが（自己株式の処分も含む），売出しは既発行証券の勧誘になる。

　売出しは，大株主（オーナー等）が保有している証券の大量放出を意味する。例えば，国等が保有しているNTT株式やゆうちょ銀行等の株式の売出しなどが典型例である。なお，証券の売出しについては，流通市場の規制に含め，公開買付けの反対現象として必要な開示のみを求める見解も有力である。

　他方，第1項有価証券の募集には，①有価証券表示権利，②特定電子記録債権のほか，③電子記録移転権利（電子情報処理組織を用いて移転することができる財産的価値（電子機器等に記録）に表示される2条2項各号の権利）も含まれるが，取得者や譲渡の制限により流通性の乏しい場合は除外され，適用除外電子記録移転権利は第2項有価証券になる（2条3項かっこ書等）。これらのうち，③の広義のトークン表示権利（電子記録移転有価証券表示権利等。2条2項柱書等を包含）・トークン化された有価証券はデジタル証券やセキュリティー・トークンともいわれ，開示規制が適用される。STO（Security Token Offering）におけるデジタル証券は，ブロックチェーン（分散型台帳）技術等により電子的に発行される有価証券であり，機動的に小口の発行もできる。

会社法の関連テーマ：企業による株式等の発行トレンド

　企業による株式発行の状況には，歴史的経緯がある。かつては額面による株主割当ての方法が一般的であった。それが高度経済成長期になると，上場会社では時価発行・公募増資が定着し，バブル経済の時期には大量の株式の発行により，企業は豊富な資金を得ることができた。新株予約権付社債も多く発行された。

　ところが，1990年以降に株価が著しく下落し，バブル経済が崩壊した後には自社株の買戻しも必要になった。株式の発行（増資）においては，①株主割当てや②公募のほか，③特定の取引先等への第三者割当増資も適宜行われている。

　2009年には，企業の新株・社債発行による資金調達額が，バブル後最高の約16.5兆円に上った。2008年に起きた世界的な金融危機（リーマン・ショック）による財務状況の悪化の改善や経済成長等を目指し，資本市場からの大量の資金調達を行ったのである。現在でも株式や社債等の発行は，活発に続いている。

⑵　有価証券届出書とは何か

　【設例】にいう有価証券届出書は，発行市場の中心的な開示書類である。主に「①証券情報（証券の種類，発行数，発行価格等）」と，②企業情報が詳細に記載される（5条1項1号・2号等）。①の募集または売出しに関する事項において，有価証券の発行価格の決定前に募集をする必要がある場合等には，発行価格その他の事項を記載しないで提出することもできる（同条ただし書等）。

　特に②の企業情報には，その会社と企業集団の経理の状況として財務諸表等の「財政状態と経営成績等」の情報その他重要な事業の内容が記載される。財務諸表の作成は公正な企業会計の基準によるほか，利害関係のない公認会計士等の監査が求められる（193条，193条の2等）。上場会社等は届出書類の写しを，金融商品取引所等にも提出する（6条等。EDINETで代替可）。また，届出者は届出から効力発生日前において，届出書類に記載すべき重要な事項の変更その他必要な場合，訂正届出書を自発的に提出しなければならない（7条等）。発行予定先の変更で，訂正届出書の不提出が問題とされた事例もある。

　有価証券届出書等やその写しは原則として，財務局，発行者の本店・主要な支店，金融商品取引所，認可金融商品取引業協会で公衆の縦覧に供されるほか，金融庁のホームページ上のEDINETで閲覧できる（25条等。行政の承認を受けた事業上の秘密の部分等を除く）。公衆縦覧の期間は，通常の有価証券届出書等は5年，参照方式の場合（後述）は1年等となる（同条1項1号以下）。

　有価証券届出書が提出されると，内閣総理大臣（行政機関）が審査を行う。内容に虚偽や不備があるときは，訂正届出書の提出を命令することができ，必要があれば届出書の効力の停止や，1年以内の届出の効力停止を命じることもできる（9条〜12条等）。無届出の販売等の法令違反行為に対しては，行政の申立てにより緊急の禁止や停止命令の発令を裁判所に請求することも可能である（192条）。ただし，何人も募集等の届出や効力の発生等をもって，内閣総理大臣が有価証券届出書の記載の真実性を認定し，または有価証券の価値を保証・承認したとみなすことはできず，違反する表示は禁止される（23条）。

┌───┐
◁ ポイント：株式の新規公開（IPO）を巡る問題 ▷

　証券取引所での株式の新規公開（Initial Public Offering, IPO）を伴う上場
の場合，種々の問題が生じやすい。第1に，価格の決定に関する問題がある。
　IPO企業の株式にはまだ時価がなく，主幹事証券会社の機関投資家等への需要
調査をもとに，ブックビルディング（需要予測）方式等で募集価格が決定される。
ただ，引受リスクと消化可能性が重視されるため，割安な価格になりやすく，決
定過程の不透明さがよく指摘される。証券会社の引受審査も重要になる。
　第2に，応募した投資者への割当ての平等性の問題もある。人気のあるIPO銘
柄は投機の対象になりがちで，抽選を行うことも多いが，投資者への割当て・分
配面で，不公平感が残る。相場操縦やインサイダー取引のおそれも生じる。
└───┘

⑶　届出の効力発生前の取引禁止ルール

図表3-2	行政への届出と効力発生

- ①有価証券届出書の提出 ──→ 証券の勧誘は可能
- ②効力発生の前 ──────→ 行政の審査。待機期間：原則15日
- ③効力発生の後 ──────→ 正式な取引・契約が可能に：証券の取得等

　株式の募集等には，不正な勧誘が懸念される。そこで，有価証券届出書の提
出後，証券会社等は投資者に勧誘はできるが，届出がその効力を生じているの
でなければ，届出の対象である有価証券を募集または売出しにより取得させ，
または売り付けてはならない（15条1項。効力発生前の取引禁止）。正式な証券
の取得契約は，届出の効力の発生後まで待たなくてはならない。規制の対象者
は，発行者，証券の売出人，引受人，金融商品取引業者，登録金融機関，金融
商品仲介業者，金融サービス仲介業者に及ぶ（同条2項以下も同様）。
　この届出の効力発生前の取引禁止ルールに違反した場合，有価証券の取得者
に対する損害賠償責任が生じる（16条）。有価証券の募集または売出しの届出は，
原則として内閣総理大臣が届出書を受理した日から「15日を経過した日」に効
力を生じ，訂正届出書が提出された場合，それを受理した日が起算日となる
（8条1項・2項等）。

───争　点───

15条 1 項違反の取引の効力

　届出の効力が発生するまでの待機期間は，取引契約を締結できないが（15条 1 項），違反した場合（いわばフライング），その効力はどうなるであろうか。判例・多数説は，15条 1 項は取締法規にすぎないこと，16条の損害賠償の規定は取引が私法上の有効性を前提としていることなどを根拠に有効とする（有効説）。

　これに対し，有力説は，刑事罰や行政処分等は難しいこと，賠償額の立証が容易でないこと，投資者の熟慮期間の確保の趣旨等を理由に無効と解している。

　ただし，上記の15日の「待機期間」には，短縮が認められる場合がある。それは，①届出書類の内容が公衆に容易に理解される場合や，②届出者の企業情報がすでに公衆に広範に提供されている場合，である（8条3項・4項等）。金融庁の企業内容等開示ガイドラインにより，①の発行価格等を記載しない届出の場合（5条1項ただし書等），市場の動向に応じて価格等を決定したときは，原則として訂正届出書の提出日またはその翌日等に届出の効力の発生が認められるため，機動的に発行できる（同ガイドライン8-4）。

　②は，後述する組込方式や参照方式の場合，有価証券届出書の受理日から約7日を経過した日に効力の発生を認めている（同ガイドライン8-2）。また，時価総額が1000億円以上等の要件を満たす，特に周知性の高い上場会社等では，届出により直ちに効力を生じさせることもできる（同ガイドライン8-3）。

　届出から効力発生までの待機期間は，行政が審査する期間であるとともに投資者には熟慮期間になる。有価証券の募集・売出しが株主名簿上の株主に対し行われる場合，時間的な余裕を考慮して，原則として届出は25日前までにしなければならない（4条4項本文等。優先出資法上の優先出資者も同様）。

　なお，正式な届出や上場申請の前に，投資者に買付け等の勧誘をする行為のことをアメリカではガン・ジャンピングといい，不正行為として厳しく規制される。公正な価格形成を阻害する，相場操縦の懸念を生じるためである。

②　募集（公募）の例外～私募等～

【設　例】

　A会社は大量の新株の発行を計画している。しかし，同社の経営者は，「行政当局への届出」は時間やコストもかかるため，避けたいと考えている。

　そうした方法として，募集（公募）に当たらず，届出が免除される「私募」とはどのようなものか。どういった種類の私募があるか。

図表３-３	募集（公募）と私募等の概要

```
┌─①募集・売出し　⇒詳細な届出書の提出義務
│　└→多人数・一般の投資家向けの勧誘
└─②私募・私売出し⇒届出は原則として不要
　　└→プロ・少人数（50名未満）向けの勧誘
```

(1)　私募とは何か

　有価証券の取得勧誘のうち，募集（公募）に該当しないものを「私募（private offering）」という（2条3項）。【設例】でA会社の経営者が考えるように，私募では届出による開示規制が免除され，迅速で低コストの資金集めができる。

　私募は次にみるように，主に①プロ私募と②少人数私募に分かれている。①は勧誘の相手がプロのみであれば自衛能力があり，②の少人数（50名未満等）の場合も自ら交渉することが可能であるため，規制が免除される。

　私募では，「届出が行われていないこと等を記載した告知書面」を原則として勧誘の相手方に交付しなければならない（23条の13等）。また，流通性の低い第2項有価証券の私募は，勧誘に係る所有者が相当程度多数の者（500名以上）が所有する場合でないものである（2条3項3号，施行令1条の7の2等）。

(2)　プロ私募とその分類

　プロ私募とは，①適格機関投資家や②特定投資家といったプロのみを対象に勧誘を行う場合であり，開示規制が免除される。第1は，適格機関投資家のみ

を相手方とする場合であり，「適格機関投資家向け勧誘」になる（2条3項2号イ等）。脱法を防ぐため，当該有価証券がその取得者から適格機関投資家以外の者への譲渡のおそれが少ないものでなければならない（転売制限等）。

　「適格機関投資家（Qualified Institutional Investor, QII）」とは，有価証券に対する「投資に係る専門的知識および経験」を有する者である（2条3項1号かっこ書等）。プロ中のプロともいわれる。第1種金融商品取引業者（証券会社），投資運用を行う金融商品取引業者，銀行，保険会社，投資法人等の機関投資家が中心であるが，投資事業有限責任組合（LPS）等に加えて，有価証券残高10億円以上である法人や個人も届出により含まれる（定義府令10条）。適格機関投資家は自衛能力があり，法律による保護は必要がないため，適用除外になる。

　相手がプロのみであれば，50名以上が相手であっても届出が免除される。もっとも，プロ私募証券の一般投資家への転売は基本的に禁止されているため，適格機関投資家が適格機関投資家以外の者に対して行う「適格機関投資家取得有価証券一般勧誘」には，原則として届出が必要になる（4条2項等。ただし，開示が行われている場合等は除外され，有価証券通知書の提出で足りる。以下も同じ）。逆に，プロ同士の間では，容易に譲渡できる。私募証券の流通の開示コストは軽減されている。私募債市場等が重要になる。

　第2は，特定投資家のみを相手方とする場合であり，「特定投資家向け勧誘」になる（2条3項2号ロ等）。特定投資家には，適格機関投資家に加えて，国や上場会社のほか，一定の資産家等も広く含まれうる（2条31項，定義府令23条等）。特定投資家の定義等については，第7章第2節も参照。

　その際，その取得勧誘の相手方が国，日本銀行や適格機関投資家以外の者である場合には，①金融商品取引業者等が顧客の委託か自己のために行い（業者のチェック），②その有価証券が特定投資家等以外の者に譲渡されるおそれが少ないものでなければならない（転売制限等）。

　そうした趣旨から，特定投資家向け有価証券の交付勧誘等で，金融商品取引業者等に委託した特定投資家等以外の「特定投資家等取得有価証券一般勧誘」については，原則として届出が必要になる（4条3項等。開示が行われている場合等は通知書のみで可）。一般投資家（アマ）への勧誘は厳しくチェックされる。なお，特定投資家は，プロ向け市場にも参加できる。

> ┌─ ポイント：機関投資家と投資ファンド ─┐
>
> 　銀行等の機関投資家は，自衛能力のあるプロとして「適格機関投資家・特定投資家」とされ，証券の発行開示・勧誘における説明義務の免除の対象となる（2条4項2号イ，45条等）。大量保有報告書の提出でも特例がある（27条の26）。
>
> 　他方，投資ファンド（組合型等）は，みなし有価証券の発行開示の対象となりうる。それらの出資の募集・販売等については，第2種金融商品取引業者等として行政の監督を受ける（28条2項）。不公正取引の規制の対象にもなっている。

(3)　少人数私募と転売制限等

　少人数私募とは，「50名未満の者」に勧誘を行う場合である（2条3項2号ハ等。延べ人数）。多人数向け取得勧誘やプロ私募以外の場合で，多数の者に譲渡されるおそれが少ないことも要件になる。少人数であれば，投資者に交渉力があり，情報格差・不平等も生じにくいため，開示規制が免除される。人数の計算において，適格機関投資家は除外される（転売のおそれが少ない場合）。

　しかし，2つの問題がある。第1に，少人数私募で発行された証券もその後，多人数の手に渡ると規制の潜脱になってしまう。そのため，株式は上場していないこと等（未公開株），新株予約権付社債やそれ以外の有価証券は，一括譲渡以外の譲渡の禁止（転売制限）等が要件になる（施行令1条の7等）。

　そこで，上場会社のような継続開示会社の第三者割当増資は，株式を発行する相手が1社でも1億円以上であれば募集に当たり，有価証券届出書の提出義務が生じる。特に大規模な第三者割当て（25%以上の議決権の変動や支配株主（50%超の議決権所有等）の発生）については，資本市場への影響が大きいため，割当予定先の状況・実態や理由等の記載が求められており，行政による慎重な審査も行われる（開示府令「記載上の注意」参照）。

　第2に，勧誘を数回に分けて，脱法が行われるおそれも懸念される。例えば，40名ずつ2回に分けて行うものである。そこで，3か月以内における同一の種類の有価証券（株券，新株予約権証券等）の発行は合算され，合計で50名以上になると募集に当たる（施行令1条の6等）。通算規定といわれる。

③ 売出しの例外

(1) 私売出し

　売出しの場合にも募集と同様に，「私売出し」という届出の免除等が認められる。第1に，プロである適格機関投資家や特定投資家のみを相手方として行う勧誘と，第2に，少人数（第1項有価証券は50名未満，第2項有価証券は500名未満）向けの勧誘等の要件を満たすものである（2条4項1号〜3号等）。

　前者を「適格機関投資家私売出し」および「特定投資家私売出し」と呼び，後者を「少人数私売出し（1か月以内は通算）」という。プロ以外に譲渡されるおそれや，多数の者に所有されるおそれが少ないことなどが要件になる。

(2) 外国証券売出し

　日本国内においては，外国証券の販売も広がっており，その規制が重要になる。まず，外国証券売出しとして，金融商品取引業者等による「外国ですでに発行された有価証券等の売出し」のうち，国内において売買価格等の情報を容易に取得できるものについては，届出が免除される（4条1項4号等）。

　しかし，届出の免除に代わり，金融商品取引業者等は外国証券を売り付ける場合，「簡易な外国証券情報」の提供や公表が原則として義務づけられる（27条の32の2第1項・3項等）。法定開示に代えて，簡易な開示になる。違反した場合，賠償責任を生じうる（27条の34の2等）。金融商品取引業者等には，その後も取得者等への情報提供等が原則として求められうる（同条2項等）。

④ その他の届出の免除

　有価証券の募集・売出しに当たる場合でも，情報開示の必要性に乏しい場合には，届出が免除される（4条1項ただし書・1号〜5号等）。①相手方がその有価証券に関する情報をすでに取得しているか，容易に取得できる場合である。例えば，自社か完全子会社の役員や従業員等に報酬として付与する譲渡制限付新株予約権（ストック・オプション）がある。また，②合併等の組織再編成における有価証券の発行・交付手続で開示の必要性が乏しい場合もある。

　そのほか，③すでに開示が行われている有価証券の売出し，④外国証券の売

出しのうち売買価格の情報を容易に取得できるもの，⑤発行価額・売出価額の総額が1億円未満等の場合（少額免除），がある。こうした点に関し，実質的に50名以上に対する社債券の複数回にわたる取得勧誘（少人数私募の脱法）や，ストック・オプションの届出免除の特例の偽装について，有価証券届出書の不提出を理由に課徴金を課された事例もある。

会社法の関連テーマ：会社法上の株式の発行ルール

　会社法では，会社が新しく株式を発行する場合，株主総会や取締役会の決議等の厳格な手続が必要になり，原則として既存の株主への通知・公告も求められる（同法199条以下）。支配関係や株式の経済価値に影響を及ぼすためである。

　経営支配目的や手続違反の株式・新株予約権の発行は，差止め・無効の訴えの対象になりうる（同法210条，828条1項2号等）。なお，会社法の新株の発行規制には，金商法が組み込まれている（会社法201条5項，203条4項）。

第3節　目論見書の交付と取引ルール

【設　例】

　投資者のAは，新規に株式を公開した企業，いわゆるIPO銘柄への投資を考えている。リスクも大きいが，利益を上げるチャンスも狙えるためである。

　そこで，Aは，新規公開予定のB会社やC会社の株式について，投資のために必要な情報を集めている。特に重要となる「目論見書」とは何か。

1 目論見書とは何か

　【設例】のような場合，投資者のAはB会社やC会社の目論見書をよく読むことが重要になる。「目論見書（prospectus）」とは，有価証券の募集または売出し等のため，原則として発行者に作成が義務づけられる，「発行者の事業その他の事項」に関する説明を記載する文書である（2条10項，13条1項等）。すでに開示が行われており，届出義務のない有価証券の売出し（1億円未満を除く。「すでに開示された有価証券」という）においても，原則として発行者は目論見

書を作成する義務を負う（13条1項後段等）。

　目論見書は，「有価証券届出書の重要な内容等」を記載し（13条2項），勧誘の相手方に交付される説明文書になる。目論見書によって投資者が適切な投資判断を行うことが可能になり，公正な価格形成が確保される。目論見書は有価証券の募集・売出しのほか，適格機関投資家や特定投資家等が取得した有価証券の一般勧誘等でも交付が求められる（13条1項，15条2項等）。

　届出の効力発生後に使用される目論見書を，「届出目論見書」という。届出後で効力発生前における勧誘の際には，届出仮目論見書が広く用いられている（開示府令1条16号等）。虚偽記載等のある目論見書の使用や，それ以外の文書，図画，音声その他の資料の虚偽の表示等も禁止される（13条4項・5項等）。

　また，有価証券を「不特定かつ多数の者」に勧誘するに際しては，有利な価格等で買い付ける等の表示は禁止され（170条），確定額の配当等が行われるといった表示も禁止される（171条）。不確実で変動する価格や配当等について，買取の保証や確定配当等を表示することは，詐欺的と見られるためである。

　＜ポイント：実際に目論見書（もくろみしょ）を読む＞

　目論見書は株式等の発行が行われる際，証券会社等で受け取ることができる。実際に目論見書を読んでみると，企業が投資者に向けて自社の業績等を丁寧に紹介しており，興味深い。カラーや写真，グラフ等も豊富に用いられている。

　目論見書では，その会社のコーポレート・ガバナンスの図解に加え，固有のリスク情報，経営分析等が説明されている。関連会社等の状況もよくわかる。

---

② 目論見書の交付義務と例外

　発行者や金融商品取引業者等の仲介業者等は原則として，有価証券を募集または売出しにより取得させ，または売り付ける場合，法定の事項を記載した目論見書を「あらかじめまたは同時に」交付しなければならない（15条2項等。交付義務）。ただし，以下の例外もある（同項ただし書，同項1号〜3号等）。

　第1に，適格機関投資家（プロ）に取得させ，または売り付ける場合である。第2に，交付を受けないことに同意した，(イ)当該有価証券と同一銘柄を所有す

る者，㈠同居者がすでに当該目論見書の交付を受け，または確実に交付を受けると見込まれる者，の場合である。相手方が交付を請求することは可能である（15条3項等）。相手方の承諾を得れば，電子情報処理組織（メール等）による提供で代えても良い（27条の30の9第1項前段，開示府令23条の2第1項等）。

　さらに，新株予約権無償割当て（会社法277条）による新株予約権証券の募集は，その証券が上場されていれば（予定も可），届出後の日刊新聞紙への公告で足り，目論見書の作成や交付を要しない（13条1項後段ただし書，15条2項3号等。待機期間は15日）。株主に平等な資金調達方法である「ライツ・オファリング」を促進する趣旨による。株主は，権利行使と市場売却を選択できる。

　目論見書の交付の時期については，投資者が適正に投資決定をできるよう，事前の交付が望まれる。なお，目論見書の交付義務に違反した取引であっても，直ちに私法上の効力まで否定されるものではない（第5節②も参照）。

③　目論見書にはどのような分類があるか

　目論見書は3つに分類され，記載内容も異なる（13条2項1号～3号等）。第1は，交付目論見書であり，投資者の請求の有無にかかわらず，原則として交付が義務づけられる（15条2項本文等）。第2は，請求目論見書であり，投資者の請求により交付することが義務になる（同条3項等）。第3は，訂正目論見書であり，訂正届出書が提出された場合に交付を要する（同条4項等）。第1と第3には，前述と同様の交付義務の例外がある（同条2項と4項のただし書等）。

　このうち，基本となる第1の交付目論見書には，きわめて重要な事項等が記載される（13条2項1号イ等）。その記載事項は，㈤募集または売出しの届出が必要な有価証券と，㈠「すでに開示された有価証券」に分かれており，㈠の売出しの場合には，届出は不要であるが，目論見書の交付は必要となる（13条1項後段・2項等）。そうした有価証券報告書を提出している「開示会社」の1億円以上の証券の売出しについては，有価証券届出書ではなく，後述の有価証券通知書で足りる。なお，ブックビルディング方式等による募集・売出しにおいて，「発行価格等を記載しないで」有価証券届出書を提出した場合，目論見書にも発行価格等を記載することを要しない（13条2項ただし書等）。

　第2の請求目論見書は，投資信託の受益証券・投資証券等（2条1項10号・

11号）の「投資信託証券」等で利用が可能である。参照方式の届出書では簡易なものになる（13条3項等）。第3の訂正目論見書には，訂正届出書（7条）の内容が記載されるが，目論見書に「発行価額等を公表する旨と公表方法」が記載され，その方法で公表された場合は交付を要しない（15条4項・5項等）。

　また，上場証券等以外のいわば未公開会社の募集・売出しにおいて有価証券の全部を取得させることができず，残部が生じる場合がある。その場合，届出効力発生日から3か月以内に募集等によらず，残部の取得や売付けの際にも，情報提供の充実の観点から目論見書を交付しなければならない（15条6項等）。

第4節　簡易な情報開示等～少額募集等と統合開示等～

1　少額募集等・少額免除等とは何か

　有価証券届出書はかなり詳細である。そこで，作成にかかるコストや時間を減らすことも求められる。有価証券届出書の内容を簡易化できる場合としては，「少額募集等」がある（5条2項）。発行価額等の総額が1億円以上5億円未満の募集または売出しのケースである。非上場会社の場合等になる。

　そうした届出も発行総額1億円未満の少額免除等の「特定募集等」に該当すれば免除されるが，その場合も有価証券通知書を内閣総理大臣に提出しなければならない（4条6項。定款や目論見書等を添付）。有価証券通知書には発行者の概要等が記載され，公衆縦覧や直接開示はされないが，監督機関が情報を収集し，潜脱を防ぐ手段になる。変更があれば，変更通知書を提出する。

　発行価額等の総額が1000万円以下等であれば，届出書等の提出は不要である。届出免除となる特定募集に係る証券の取得や売付け等で使用する資料には，届出等の適用を受けないものである旨の表示が義務づけられる（4条5項等）。

> ◇ ポイント：クラウドファンディングによる資金調達 ◇
>
> 　クラウドファンディング（CF）とは，ベンチャー企業等がインターネットを通じて，小口の投資者から株式等で資金を集めるものである。そうした投資が世界的に広がり，新規成長企業等の資金調達を支援し，経済を活性化させている。

クラウドとは群衆（crowd）を意味する。アメリカも2013年に，JOBS法
（Jumpstart Our Business Startups Act, 起業促進支援法）を制定している。

　投資型のネット上の仲介業者（クラウドファンディング業者）について，株式
は第1種少額電子募集取扱業者，ファンドは第2種少額電子募集取扱業者として
登録等の特例により参入は容易である（29条の4の2・3等）。ただし，商号・
登録番号等の公表が義務づけられるなど不正の防止も図られている（同条等）。

　少額とは，発行の年間総額が1億円未満等のものである（施行令15条の10の3
等）。仲介業務を行う金融商品取引業者等には，相手方への適切な情報提供が義
務づけられる（43条の5等）。非上場株式等が中心であり，株主コミュニティ制
度とも連動しうる。日本証券業協会のホームページの解説も参照。

2　統合開示等

<figure>
図表3－4　有価証券届出書のタイプ

┌─①完全開示方式（通常方式）→詳しい情報開示が必要。新規の株式公開等
├─②組込方式→一定の情報の組込で代替・作成の省略が可能
└─③参照方式→「参照すべき旨」で代替・省略可。多くの上場会社の公募
　　＋④組織再編成の場合の情報開示→合併等により株式を大量に発行
</figure>

(1)　組込方式と参照方式とは何か～開示の簡素化～

　すでに流通市場において継続的に情報が広く開示されている上場会社であれ
ば，改めて詳細な情報開示書類を作る必要性は少ない。そこで，一定の上場会
社向けに，流通市場と発行市場の開示情報を統合し，時間とコストの節約等を
可能とするものとして，組込方式と参照方式の2つが認められている。統合開
示制度である。なお，通常の届出は，完全開示方式ないし通常方式という。

　第1に，「組込方式」は，発行者がすでに1年以上継続して有価証券報告書
等を提出している場合，有価証券届出書にそれらの写しをとじ込み，かつそれ
以後の事実を記載して企業情報の記載に代えるものである（5条3項等）。

　第2に，「参照方式」は，①組込方式と同様の1年以上の有価証券報告書提
出要件に加えて，②周知性要件を満たす場合に，利用が認められる。その場合，

上場会社等は，有価証券報告書等（参照書類）を「参照すべき旨」を記載することによって，企業情報の記載に代えることができる（5条4項等）。参照方式の利用適格要件は，発行者の信用力の高さを示す指標としてきわめて重要である。実際，上場会社の株式の公募発行は簡略な参照方式が多い。

ポイント：参照方式の利用適格要件

　参照方式を利用するための要件は，詳細である（開示府令9条の4第5項）。上場株券等では主に，①発行済株券について年平均の売買金額と時価総額が100億円以上か，②最近3年間の発行済株券の平均時価総額が250億円以上か，③法令上優先弁済を受ける権利を保証されている社債券（新株予約権付社債を除く）をすでに発行しているなど，いずれかに該当する場合になる。信頼性が高い。

　利用の多いコマーシャル・ペーパーには特例があり，要件を満たしやすくしている（開示府令9条の5）。CPの意義等については，第2章第1節②も参照。

---

(2)　発行登録制度～機動的な発行～

　機動的かつ迅速な有価証券の発行（募集または売出し）を可能とする便利なシステムとして，発行登録制度がある。発行者が「参照方式の要件」を満たす場合，あらかじめ発行総額や予定期間を定めて発行登録書を提出しておけば，「発行登録追補書類」を提出するだけで，すぐに証券を発行することができる（23条の3，23条の8等。待機期間の省略）。金利情勢等から機動的に発行を行う必要のある社債やCP（コマーシャル・ペーパー）のほか，敵対的な企業買収に備えて新株予約権等の発行を登録しておく企業もあり，重要性が大きい。

　発行登録は，原則として有価証券の発行予定額が1億円以上の場合に可能であり，発行予定期間は2年を超えない範囲（1年か2年の選択制。CPは1年間）となる（23条の3，23条の6等）。発行予定額は，「発行残高の上限」の記載（パラマウント方式）も可能である。発行登録書と添付書類を内閣総理大臣に提出することにより登録ができ，受理された日から15日を経過した日に原則として効力が生じる（23条の3，23条の5等）。予定期間の経過で，効力を失う。

　発行予定期間を経過する前に予定額全額の発行が終了したときは，「発行登録取下届出書」を提出しなければならず，取下届出書の受理の日に，発行登録

は効力を失う（23条の7，開示府令14条の7等）。発行登録の募集・売出しにおける勧誘には，目論見書の交付等が必要である（23条の12第2項等）。効力発生前のものを発行登録仮目論見書，効力発生後に使用されるものを発行登録目論見書，発行登録追補書類の提出後のものを発行登録追補目論見書という。

③ 組織再編成と資産金融型証券の特則

(1) 組織再編成（合併等）の情報開示はなぜ必要か

　発行開示の一環として，会社組織の再編成における新株の発行が問題になる。会社が「合併，会社分割，株式交換，株式移転といった組織再編成」を行う際，新たに有価証券が大量に発行されたり，既発行の有価証券が交付されることがある。このような，①組織再編成「発行」手続と②組織再編成「交付」手続のうち一定の要件に該当する「特定組織再編成」については，募集・売出しに準じて発行開示等の適用範囲に含め，株主・投資者に対する情報提供の充実が図られている（2条の3以下等）。合併等の組織再編に関する開示制度である。

　「組織再編成の概要，目的，当事会社の概要，契約内容，手続等」の開示が求められる。消滅会社や完全子会社・分割会社等の株券が対象になる。

　上記①と②のいずれについても開示が必要となる要件は，募集・売出しに準じている。第1項有価証券では，50名以上の多人数の株券等の所有者がいるなどの場合であり，第2項有価証券では，相当程度多数に当たる500名以上の株主等がいる場合が対象になる（2条の3第4項・5項等）。

(2) 「資産金融型証券」等の情報開示

　資産金融型証券とは「特定有価証券」と呼ばれ，発行者が保有する資産を価値の裏付けとして発行される証券である（5条1項かっこ書）。政令により，資産流動化法上の証券（2条1項の4号・8号・13号等），投資信託等の受益証券・投資証券等，抵当証券，有価証券投資事業権利等が含まれている。

　特定有価証券については，情報開示の特則が設けられている（5条5項等）。企業自体の価値に基礎におく株式等とは異なり，発行体とは別の「資産や管理・運用の具体的な内容・状況，運用者等」の情報開示が重要になる。

　また，投資信託の受益証券等については，一定期間継続して募集または売出

しが行われている場合，有価証券届出書に代えて簡易な書面（募集事項等記載書面）を提出することもできる（5条10項以下等）。みなし有価証券届出書制度という。この特定有価証券届出書提出会社の訂正届出書は，有価証券報告書の訂正報告書等の提出で代替されうる（7条3項以下等）。

第5節　発行開示規制に違反した場合にはどうなるか

【設　例】

　A会社は上場時に，新株を公募した。その際，同社は有価証券届出書の売上高等の重要な事項に虚偽の記載をして，多数の投資者から資金を集めた。

　その後，粉飾決算が発覚し，A会社の株式は上場廃止になったため，投資者らは多額の損失を被った。どのような発行開示違反の責任が問題となるか。

1　刑事責任

　有価証券届出書の重要な事項に「虚偽の記載（不実開示）」をするなどの事例は少なくない。そのため，粉飾決算等の不正な情報の開示を抑止する必要性は大きい。その責任は刑事責任，民事責任，課徴金等に分類される。

　まず，刑事責任として，虚偽記載等のある有価証券届出書等の提出者（会社の代表者等）については，10年以下の懲役か1000万円以下の罰金，またはそれらの併科の対象になる（197条1項1号）。法人には，7億円以下の罰金という両罰規定がある（207条1項1号）。虚偽記載には，重要な事項の記載が欠けている場合も含まれる。また，発行開示書類の不提出の場合，有価証券の募集・売出し等を行った者は，5年以下の懲役もしくは500万円以下の罰金か，それらの併科になる（197条の2第1号）。この場合，法人は5億円以下の罰金を科せられる（207条1項2号）。目論見書の交付義務（15条2項・3項）違反には，1年以下の懲役か100万円以下の罰金・併科の制裁がある（200条3号）。

　有価証券届出書の虚偽記載の事例としては，MTCI事件が著名である（東京地判平15・7・14商事1669号48頁。有罪判決）。同社は，資産の内容について虚偽の記載のある財務諸表を含む有価証券届出書を提出したうえで，同社の未公開

株をホームページや新聞広告等で公募し，数百名の投資者から多額の資金を集めたが，その後経営が悪化し，それらの株式はほぼ無価値になった。

2 民事責任

(1) 発行者（会社等）の責任

　民事責任としては，まず，発行開示書類に虚偽記載があった場合，発行者（会社等）の責任が問われる。有価証券届出書のうちに，重要な事項について虚偽の記載があり，または記載すべき重要な事項や誤解を生じさせないために必要な重要な事実の記載が欠けているときは，その届出者は，募集・売出しに応じて証券を取得した者（悪意者を除く）に対し，損害の賠償責任を負う（18条１項）。目論見書も同様になる（同条２項）。厳格な無過失責任である。

　虚偽記載等による賠償責任額は，請求権者が証券の取得に支払った額から，「①請求時の市場価額（ないときは，処分推定価額）か，②請求の時前に証券を処分した場合はその処分価額」を控除した額である（19条１項）。原状回復的な損害賠償責任（取得自体損害）とする見解もあるが，公正な市場の需給関係を復元させるための措置として位置づけることができる。

　そのため，損害額の全部や一部が「虚偽記載等による値下り以外の事情で」生じたことを賠償者が証明すれば，免責される（19条２項）。この点，IHI事件の判決は，金商法19条２項の適用につき，民事訴訟法248条の類推適用により裁判所の裁量に基づく減額を認めている（最判平30・10・11民集72巻５号477頁）。厳しい責任であるため，虚偽記載等を知った時等から３年間，届出等から７年間行使しないと，賠償請求権は短期の消滅時効で消滅する（20条）。

(2) 役員等の責任

　次に，有価証券届出書の重要な事項の虚偽記載等（記載の欠如を含む）については，①当該有価証券届出書を提出した会社の提出時の役員（取締役，会計参与，監査役，執行役等），②売出しに係る有価証券の所有者等，③虚偽記載等がないと監査証明をした公認会計士や監査法人，④有価証券の発行者等と元引受契約を締結した金融商品取引業者や登録金融機関も，募集または売出しに応じた証券の取得者（悪意者を除く）に対し，虚偽記載等により生じた損害を賠

償する責任を負う（21条1項1号～4号）。

　ただし，免責事由があり，①役員・所有者等は善意で，かつ，相当な注意を用いたにもかかわらず知ることができなかったこと，②公認会計士等は故意または過失がなかったこと，③元引受業者等は善意で，かつ，財務書類以外の部分については，相当な注意を用いたにもかかわらず知ることができなかったこと，といった事項を証明したときは，責任を負わない（21条2項1号以下）。①は目論見書の虚偽記載等にも準用される（同条3項等）。過失責任であるが，証明責任が転換されており，投資者が損害賠償を請求しやすい。なお，元引受契約とは，募集・売出しの際，有価証券を取得させる目的で証券の全部や一部を発行者か所有者から取得するか，残部を取得する契約をいう（同条4項。買取引受け・残額引受け。新株予約権証券等の場合は未行使分の取得と行使）。

　この点，上場時に提出された有価証券届出書の虚偽記載（粉飾決算）について，エフオーアイ事件の判決では同社（破産）の役員に加え，主幹事である元引受証券会社に対し，引受審査で疑義情報（匿名の投書等）に接した際における調査確認義務の違反により，21条1項4号に基づく損害賠償責任が認められている（最判令2・12・22民集74巻9号2277頁）。同社の社長と専務は別訴で，有価証券届出書の虚偽記載と偽計の罪で実刑となっている（さいたま地判平24・2・29LEX/DB文献番号25480578）。粉飾上場による新規株式公開（IPO）の事例である。公認会計士等の責任が問われた，プロデュース事件も参照。

　また，虚偽記載等のある有価証券届出書の提出会社の役員および虚偽でない等と監査証明をした公認会計士・監査法人等は，募集または売出しによらないで（流通市場で），有価証券を取得した者や処分した者に損害の賠償責任を負う（22条1項）。免責事由には，21条2項1号・2号が準用される（22条2項）。この22条の役員等の賠償責任の規定は，有価証券報告書や内部統制報告書，四半期報告書等の流通市場の開示書類にも，広く準用されている（24条の4等）。

> ◁ **ポイント：ゲートキーパーとは何か～会計士・証券会社～** ▷
>
> 　公認会計士・監査法人や引受証券会社は，資金調達のために有価証券を発行する企業等と資本市場をつなぐ，ゲートキーパー（門番）といわれる。公認会計士等は監査証明により，証券会社は引受審査を通じて発行会社のチェックを行う。

　ゲートキーパーは，発行者の違反行為を抑止し，選別する役割と責務を有する。ただ，不正防止機能が適切に働くには，独立性の維持や厳しい責任のほか，自主規制等の種々の工夫が必要になる。この点は，第4章第3節も参照。

(3) 目論見書の交付義務違反等

　届出の効力発生前の有価証券の取引の禁止や目論見書の交付義務（15条）に違反して，有価証券を取得させた者は，これを取得した者に対し，違反行為により生じた損害を賠償する責任を負う（16条）。この責任は厳格な無過失責任であると解されているが，立証責任を巡り議論がある（重要判例を参照）。

　また，重要な事項について虚偽記載等のある目論見書や資料を使用して有価証券を取得させた者は，善意で当該有価証券を取得した者が受けた損害を賠償する責任を負う（17条）。ただし，善意で，かつ，相当な注意を用いても知ることができなかったことを証明したときは，免責される（同条ただし書）。なお，虚偽の目論見書等の使用者の賠償責任について，責任主体を発行者等に限定せず，広く解した判例もある（最判平20・2・15民集62巻2号377頁）。

重要判例

目論見書の交付義務違反と損害賠償責任

　目論見書は投資者への情報開示として，重要な意義を有する。目論見書の交付義務違反の16条の責任等に関連する判例には，顧客である投資者（現職判事）が外国企業の発行する，いわゆるサムライ債（社債）を購入した事件がある。顧客がその企業の清算で生じた多額の損失につき，説明義務違反と「目論見書の交付遅滞」等を理由に，勧誘した証券会社の賠償責任を追及したケースになる。

　第1審は証券会社の責任を一部認めたが，第2審は，16条の責任について「違反行為と顧客が被った損害との間に相当因果関係があることを要する」とし，本件では相当因果関係はなく，説明義務違反もないなどと述べて，顧客の請求を棄却した（東京高判平成12・10・26判時1734号18頁）。ただ，学説上は交付義務違反の責任を巡り，かなり議論がある。相当因果関係や説明義務違反の有無の認定は，投資者の個々の具体的な状況から慎重になされる必要があろう。

3　課徴金

　行政上の課徴金は，有価証券の募集または売出し等の届出義務の違反等のほか，発行開示書類等の重要な事項に関する虚偽記載等（欠如も含む）について課される。発行開示書類には，有価証券届出書や目論見書等が含まれる。

　投資者に有価証券を取得させる行為または売り付ける行為が要件になる。そうした場合，募集または売出し・一般勧誘をした者や有価証券の発行者等は，有価証券の発行価額または売出価額の2.25％（株券等である場合，4.5％）の課徴金を国庫に納付しなければならない（172条，172条の2等）。虚偽記載等の場合，悪意で関与した役員等も対象になる（同条2項）。

　課徴金制度は経済的利得の剥奪を目的とする。課徴金を課すための手続や関連判例は，第10章第2節②(2)を参照。令和2年度の有価証券届出書（発行開示書類）の虚偽記載による証券取引等監視委員会の課徴金勧告は4件であり，すべて継続開示書類の課徴金勧告と併せて行われている。

◆　検討課題

(1)　発行市場における有価証券届出書の意義と役割について，規制内容と判例等も踏まえて，説明しなさい。また，目論見書の交付義務とは何か。

(2)　有価証券の「募集または売出し」と例外となる私募等について，検討しなさい。プロ私募や少人数私募とは何か。IPOとはどのようなものか。

(3)　発行市場における少額募集等や，統合開示等といった「簡易な情報開示制度」には，どのようなものがあるか。発行登録制度・CPとは何か。

(4)　クラウドファンディングとは何か。その規制内容はどうなっているのか。株主コミュニティ制度との関係はどうか。日本証券業協会の解説も参照。

(5)　有価証券届出書に虚偽の記載をして資金調達をしたケースで，関係者はどのような責任に問われるか。目論見書の交付義務違反の場合はどうか。

第4章

流通市場における継続開示の規制

　この章では，市場システムの中心であり，証券取引所等を柱とする「流通市場（secondary market）」を取り上げる。流通市場のメカニズムは，株式等が継続的に投資者の間で取引され，「証券の価値」について公正な価格が形成される局面である。その価格に基づいて資源配分が行われ，国民経済全体が運営されていく。日本の証券市場の株価等の動きは，世界の市場にも波及する。

　流通市場における証券の公正な価格形成のためには，継続的かつタイムリーな情報開示（継続開示）が不可欠である。粉飾決算等の不正を防止するためには，内部統制システムの整備や公認会計士の監査等もきわめて重要になる。

第1節　継続開示の意義と概要

【設　例】

　A会社は，上場会社である。投資者のBは，金商法や自主規制に基づき開示される「A会社の企業情報」について，どのようなものを入手できるか。

　そのうち，法的な裏付けのある信頼性が高い情報，早く入手できる情報は何か。有価証券報告書には，どのような情報が開示されているのであろうか。

　【設例】のような上場会社には，投資者の公正な投資判断の形成のため，決算等の重要な企業情報について，証券市場に向けた「定期的・臨時的な情報開示（ディスクロージャー）」が義務づけられている。法律上は，1年ごとの有価証券報告書（有報）が代表例であり，3か月ごとの四半期報告書や，重要情報

が発生した場合の臨時報告書もある。違反には強い罰則等があり，信頼度が最も高い。さらに，法定開示ではないが，証券取引所が自主ルールにおいて要請している「適時開示（タイムリー・ディスクロージャー）」の情報伝達システムが日々の重要な企業情報を公表しており，理論上きわめて重視される。

　他方，情報開示の不正事件も後を絶たない。粉飾決算や不正会計事件等が典型例になる。ライブドア事件，西武鉄道事件，オリンパス事件，東芝事件等が著名である。そのため，投資情報の充実・国際化といった流れも受けて，企業の情報開示と適正さを支える体制は大幅に強化されている。以下では，流通市場における継続開示の種類と内容について，理解を深めていきたい。

図表4－1	流通市場に向けた「継続開示」のシステム

```
上場会社等──→証券市場・投資者
├①有価証券報告書→最も中心となる1年ごとの継続開示書類
├②四半期報告書・臨時報告書等→3か月ごと等の情報開示
└③証券取引所の適時開示等→迅速な企業の重要情報等の開示
```

第2節　継続開示の種類と内容

1　基本的な企業内容等の継続開示システム

(1)　有価証券報告書とは何か

〔1〕提出義務の対象はどうか

　有価証券報告書は，継続開示の基本である。有報の提出が義務づけられる会社（継続開示会社）は，発行する有価証券が次の4つのいずれかに該当する場合である。①金融商品取引所に上場されている有価証券（特定上場有価証券を除く），②店頭売買有価証券（現在，存在しない），③募集または売出しにつき有価証券届出書提出義務等の適用を受けた有価証券，④当該事業年度または4年以内に「その所有者（株主）が1000名以上で」，資本金5億円以上である会社が発行する株券等（外形基準という），になる（24条1項1号～4号・4項等）。

④の外形基準には，主として有価証券投資を行う組合等の持分所有者が500名以上の場合も含まれる（24条5項等。総出資金額が1億円未満のものを除く）。組合型ファンド等の「みなし有価証券」のケースである。

　いずれも多数の投資者がおり，その市場性から投資情報の提供が必要になる。④の外形基準等により，上場されていなくても，開示が求められるケースに注意を要する。これらの要件に該当していなかった会社が，①〜③に該当することになったときは，直前事業年度に係る有価証券報告書を提出しなければならない（24条3項）。このような「継続開示義務」は，①では上場廃止，③・④では所有者数が一定数（300名等）未満になった場合，消滅する。

〔2〕**有報の提出時期と記載内容**

　上場有価証券の発行会社（上場会社）等は，原則として事業年度ごとに，「重要な事業内容等」を記載した有価証券報告書を，事業年度経過後3か月以内に内閣総理大臣に提出しなければならない（24条1項等）。「有報」は，継続開示会社に毎年提出が求められる1年を総括した，法定の年次報告書（Annual Report）になる。金融庁のEDINET等で見られるが，かなり詳細である。なお，少額募集等を行ったため継続開示義務を負う発行会社は，原則として簡素化された有価証券報告書でよい（同条2項等）。

　有価証券報告書に記載される内容は，投資者の投資判断にとって重要な，その会社の属する企業集団とその会社の「企業情報」である。具体的には，①企業の概況（経営指標等の推移，従業員の状況等），②事業の状況（経営方針等，経営成績等の分析等），③設備の状況，④提出会社の状況（株式や役員の状況等），⑤経理の状況，⑥株式事務の概要，⑦参考情報や社債の保証情報等になる。

　特に，⑤の経理の状況は，財政状態や経営成績を示す財務諸表が中心になり，市場関係者の注目が集まる。財務諸表とは，「①貸借対照表，②損益計算書，③株主資本等変動計算書（自己株式・配当等による変動），④キャッシュ・フロー計算書，⑤附属明細表（有価証券・資産・借入金等の明細）」，等からなる（財務諸表等規則1条1項等）。「企業の決算書」である。連結財務諸表は，子会社を連結した企業集団グループの決算書になる。定款その他の書類も添付しなければならない（24条6項等）。訂正報告書等の提出もありうる（24条の2等）。

　有価証券報告書は添付書類や訂正報告書を含め，原則として内閣総理大臣に

より公衆縦覧（5年）に供されるほか，その写しを発行者の本店と主要な支店に備え置き，その写しの提出を受けた金融商品取引所と認可金融商品取引業協会も公衆の縦覧に供する（25条1項〜3項等）。例外として，事業上の秘密等により，承認を受けて公衆の縦覧に供しない場合等もありうる（同条4項以下）。

◁ ポイント：企業の決算書とその内容 ▷

　企業の決算書は，投資判断のメインとなる重要な情報になっている。金商法では財務諸表（F/S，Financial Statements），会社法では計算書類という。
　上場会社の財務諸表では，①貸借対照表，②損益計算書，③キャッシュ・フロー計算書の3つが重視される。財務三表ともいわれ，有報の中心である。
　①の貸借対照表（B/S，Balance Sheet）は，「資産・負債・資本金等」の一覧表である。②の損益計算書（P/L，Profit and Loss Statement）は，「収益・費用・利益等」を示す。③のキャッシュ・フロー計算書（C/F）は，「営業収入や仕入れ・人件費の支出等の営業活動，証券・資産の取得等の投資活動，借入・株式発行等の財務活動」，といった主に3つの現金と現金同等物を示すものである。③は，企業の手元の現金・余裕資金の状況を示し，実務上きわめて有用な資料になっている。なお，③は会社法上の計算書類には含まれていない。

---

〔3〕有価証券報告書の特徴はどうなっているか

　有価証券報告書（有報）の開示内容には，証券市場の国際化や投資者の投資判断に有用な情報の確保等の観点から，種々の特徴が見られる。第1に，企業集団のグループを合算した連結情報の重視のほか，セグメント（製品やサービス・地域ごと等の区分）情報や，業績予測等の将来情報（ソフト・インフォメーション）の開示がある。第2に，「記述情報（非財務情報）」も重視されている。①経営方針・経営環境および対処すべき課題，②事業等のリスク，③経営者による財務・経営分析（MD&A，Management Discussion and Analysis），④キャッシュ・フローの状況の分析・検討内容，⑤重要な会計上の見積り等の情報の開示が中心になる。気候変動のリスク情報も重要である。この点，金融庁は，「記述情報の開示に関する原則」と「開示の好事例集」も公表している。

　また，国際財務報告基準（IFRS，International Financial Reporting Standards）による影響として，保有資産に関する時価主義の徹底や，包括利益の開示等も

広がっている（国際会計基準）。そこで，指定国際会計基準による財務諸表等も認められている（財務諸表等規則1条の2の2等）。連結財務諸表には，連結包括利益計算書が含まれる（連結財務諸表規則1条1項，69条の2以下）。

　最近では，企業の不正な会計操作や違法行為の発覚等の問題が相次いでおり，投資者はそのような企業への投資を控える傾向にある。そこで，公正かつ健全な会社運営を確保するための，コーポレート・ガバナンス（企業統治）に関する開示の充実が重視されている。具体的には，①コーポレート・ガバナンスの体制，社外役員・独立役員（社外監査役・社外取締役等）等の不正を監視する役員等の状況や，内部統制部門との連携等の情報開示がある。また，②役員報酬（連結報酬等の総額が1億円以上の役員の氏名・総額等，業績連動型の報酬，報酬委員会の活動内容等），③政策保有株式の状況等の情報も詳しく開示されている。特に②は報酬ガバナンスといわれ，チェック機能とともにインセンティブの付与による企業価値の向上も意図している。

　近時では，コーポレート・ガバナンス等の非財務情報（ガバナンス情報）に関する有価証券報告書の虚偽記載についても，課徴金納付命令が出されている。日産自動車事件の役員報酬等の虚偽記載のほか，内部統制システムの整備状況等の虚偽記載の事例がある（証券取引等監視委員会の令和2年開示検査事例集41頁，45頁等参照）。なお，独立社外取締役（独立役員）とは，会社法上の社外取締役等の要件に加え，証券取引所の独立性基準（主要な取引先の業務執行者や多額の報酬を得ている専門家等も除外）を満たすものであり，コーポレートガバナンス・コードに従って独自の判断基準を定めている上場会社も多い。

会社法の関連テーマ：会社法上の決算開示との比較

　金商法と会社法の決算開示は，よく比較される。金商法の上場会社の情報開示は，財務諸表を含む有価証券報告書等により，広く市場・投資者に向けて行われる。四半期報告書や臨時報告書のようにタイムリーな内容になる。内部統制報告書と確認書に加え，公認会計士の監査等を受ける。原則として金融庁のホームページ（EDINET）で公開され，違反は刑事罰等の対象になりうる。

　それに対し，会社法の計算書類の公告は，主に株主と会社債権者に向けて行われる。定時株主総会の招集通知と決算公告が中心となる（会社法437条等）。

計算書類については，社内の監査や承認手続等が行われ，大会社では会計監査人による監査が必要になる（同法436条以下）。以上のように金商法と会社法には様々な違いがあるが，上場会社等では重複も多くなるため，会社法には「有報の提出会社」用の特則が置かれている（同法440条4項等）。

(2) 四半期報告書の意義と特色～3か月情報～

四半期報告書は，3か月という短期間の企業情報を開示するものである。上場会社（24条1項1号）等は，「3か月ごとに企業集団の状況等」を記載した四半期報告書を，事業年度の各期間の経過後45日以内に内閣総理大臣に提出しなければならない（24条の4の7第1項等）。有価証券報告書の提出会社で上場会社等以外の継続開示会社も，任意に提出できる（同条2項等）。

四半期の開示においては，事業年度が4つの期間に分けられる。例えば，3月期決算の会社の場合，第1四半期（4月～6月）・第2四半期（7月～9月）・第3四半期（10月～12月）の3つがある。最後の期間は，有価証券報告書の提出があるため，第4四半期報告書を作成する必要はない。なお，四半期報告書の提出会社は，次の半期報告書を重ねて提出しなくてもよい。

四半期報告書には，どのような特色があるか。四半期報告書は，有価証券報告書等よりも迅速な情報開示を図るものである（平成18年の改正で導入）。とはいえ，作成する企業側にとって頻繁な情報開示に係る負担は重い。そこで，開示内容は四半期連結財務諸表のみでもよいとしている点等に特色がある（開示府令17条の15等）。公衆縦覧（3年）等の対象になる（25条等）。

その信頼性を高めるため，四半期財務諸表等の作成基準が定められている（四半期財務諸表等規則）。また，公認会計士等によって簡易な四半期レビュー監査が実施されたうえで，「四半期レビュー報告書」が作成されるほか，監査概要書の提出も適宜なされている（193条の2第6項，監査証明府令5条等）。

争　点

短期業績の開示を巡る議論

3か月ごとの業績の開示について，経済界からは，企業が短期的経営に走る懸念や季節的業績変動を無視するおそれから，開示に否定的な消極論も根強い。

　これに対し，証券市場・投資者サイドからは，３か月という短期情報の開示は
国際的なスタンダードであり，投資判断に欠かせないとの積極論が多い。ただ，
証券取引所による四半期決算開示・適時開示との重複等の問題はある。

(3)　半期報告書

　半期報告書とは，６か月間の企業情報を開示するものである。有価証券報告
書の提出会社のうち，四半期報告書の提出会社以外の会社は，「６か月間の重
要な事業内容」を記載した半期報告書を，当該事業年度の経過後３か月以内に，
内閣総理大臣に提出しなければならない（24条の５第１項）。

　半期報告書の記載内容は，有価証券報告書の開示情報を簡易にしたものであ
る（開示府令18条等）。公衆縦覧（３年）等の対象になる（25条等）。

(4)　臨時報告書と提出事由

　臨時報告書は，法定の重要な臨時情報の開示書類として，信頼度が高い。投
資判断への影響が大きい情報である。有価証券報告書の提出会社は，「重要な
事実が発生したとき」は，その内容の詳細を記載した臨時報告書を，遅滞なく，
内閣総理大臣に提出しなければならない（24条の５第４項等）。臨時的開示とし
て，理論上，定期的開示である有価証券報告書等を補完し，証券取引所の適時
開示の正確性を確認する意義等も有している。その訂正報告書とともに，内閣
総理大臣が受理した日から公衆縦覧（１年）等の対象になる（25条等）。

　臨時報告書の具体的な提出事由としては，有価証券報告書の提出会社が有価
証券の募集または売出しを外国において行うとき，がある（24条の５第４項）。
また，内閣府令により，外国における１億円以上の株券等の募集や売出し・私
募，募集を要しないストック・オプションや譲渡制限付株式（株式報酬）の発
行，親会社・特定子会社や主要株主（10％以上の議決権保有等）・代表取締役・
代表執行役・公認会計士等の異動（会計士等の交代の場合，具体的理由や経緯等
も開示），株主総会の議決権の行使状況（賛否の数等），重要な災害の発生（純資
産額の３％以上相当等），多額の損害賠償訴訟の提起（純資産額の15％以上相当等），
重要な組織再編（合併・会社分割等）等に加え，包括条項としてその会社や連
結会社の財政状態と経営成績に著しい影響（純資産額３％以上で最近５年の平均

純利益の20％以上）を及ぼす事象が発生した場合，連結子会社の重要情報の発生（災害，訴訟，合併等）等が多数列挙されている（開示府令19条等）。

　近時，上場会社等に対し，注目度の高い重要な開示情報が追加され，臨時報告書（臨報と呼ぶ）の積極的な活用が進められている。ただ，開示の周知方法の欠如や，取引所の適時開示との二重負担等の課題も指摘される。新株予約権付社債の発行による調達資金の使途について，臨時報告書の虚偽記載等が問題となった判例もある（東京地判平24・6・22金判1397号30頁。アーバンコーポレイション社の投資者が取締役らに金商法22条等に基づき損害賠償を請求）。

② 自己株式の買付けや親会社の情報開示

(1) 「自己株券買付状況」の情報開示

　会社による自己株式の取得は，株価の変動要因であり，市場・投資者にとって重要な情報になる。インサイダー取引等の不正が生じるおそれもある。

　そこで，上場株券等の発行者は，自己株式の取得に係る株主総会や取締役会の決議等があった場合（会社法156条1項等），その期間中，各報告月ごとにその買付けの状況等を記載した「自己株券買付状況報告書」を，各報告月の翌月15日までに内閣総理大臣に提出しなければならない（24条の6第1項等）。自己株式の「取得・処理（募集や消却による処分等）・保有」の状況等が記載される。

　自己株券買付状況報告書は買付けを行わなかった場合も，提出しなければならない（24条の6第1項かっこ書）。報告書や訂正報告書は公衆縦覧（1年）等の対象となる（25条等）。自己株式の取得規制は，第5章第1節⑥も参照。

(2) 「親会社等状況」の情報開示

　上場会社の親会社の情報は，重要な投資判断材料になる。そこで，有価証券報告書を提出しなければならない上場会社等（提出子会社）の親会社等は，原則として事業年度ごとに「親会社等状況報告書」を，当該事業年度経過後3か月以内に，内閣総理大臣に提出しなければならない（24条の7第1項以下等）。親会社等が会社以外の者である場合にも準用される（同条6項等）。

　親会社等には，提出子会社の議決権の過半数を所有している会社その他密接な関係を有するものが含まれる（直接・間接的所有を包含）。ただ，その親会社

等がすでに有価証券報告書の提出会社である場合は，提出義務がない（24条の7第1項かっこ書等）。また，外国の上場会社が親会社であり，その情報をインターネット等で利用できる場合，開示義務は免除される（同条1項等）。

　親会社等状況報告書には，株式等の状況のほか，会社法上の計算書類等が記載されるが，有価証券報告書と比べると，かなり簡易である（開示府令19条の5等）。公衆縦覧（5年）等の対象になる（25条等）。なお，親会社等状況報告書に虚偽記載等があった場合，親会社である報告書提出会社がその上場会社の株式を取得した投資者に対し，直接損害賠償責任を負う（21条の2第1項）。

〈 **ポイント：西武鉄道事件と「非上場の親会社情報」の開示問題** 〉

　この事件では，上場会社である西武鉄道について，非上場の親会社（コクド）等が，西武鉄道の大株主としての持株比率を上場廃止基準に該当しないよう（上場維持目的），架空の株主名義等の方法により長年にわたり過少に操作していた。同会社等は，旧・証券取引法上の有価証券報告書の虚偽記載罪のほか，不正の発覚前にその情報を知らせずに，自社株を複数の取引先に買わせたインサイダー取引の罪でも有罪となった（東京地判平成17・10・27判例集未登載，確定）。

　当時ほかにも，複数の上場会社で同様の虚偽記載が発覚したこと等を受け，非上場の親会社情報の開示が義務づけられた。西武鉄道の不正発覚と上場廃止に伴い，株価下落の損失を被った投資家らが西武鉄道等に対し，民法709条の不法行為等に基づいて損害賠償を請求し，一部認容されている（最判平23・9・13民集65巻6号2511頁）。同判決は，相当因果関係のある損害額として，株式の取得額から虚偽記載に起因しない経済情勢・市場動向・当該会社の業績等の市場価額の下落分等を控除した。修正取得自体損害説を採用し，重要な意義を持つ。

---

③ 証券取引所による情報開示等

⑴ 証券取引所の適時開示等

　証券取引所は上場会社に対し，種々の迅速な情報開示を自主ルールとして求めている。特に適時開示（タイムリー・ディスクロージャー）は，公正な価格形成を担う証券市場の生命線として，理論上最も本質的な要請になる。

　まず，「決算短信」がある。決算短信は，有価証券報告書等による決算開示

の前の，決算情報の速報として注目度が高い。原則として45日以内の公表が求められているため，3月末決算の企業では，5月半ばに発表が集中し，新聞報道では決算関連の記事が多くなる。業績予想等の将来情報も重要である。

　次に，適時開示は，市場対応型の開示の中核である。上場規程等の取引所規則により，上場会社の売上等の決算情報や重要な決定・発生情報等のマーケット情報が公表される。毎日，多数の企業情報が証券取引所の情報伝達システム（TDnet等）で開示され，マスコミ等にも伝えられている。また，「コーポレート・ガバナンスに関する報告書」等といった情報の開示も必要になる。投資者の権利を重視し，市場秩序を維持する観点から，企業行動規範や企業統治指針（コーポレートガバナンス・コード）等（巻末の資料の5を参照）も定められている。取引所の自主ルールによる，実質的な公開会社法の形成である。

　企業行動規範等には情報開示を含めて，大規模な第三者割当増資や買収防衛策，MBO等に関するルールも規定され，会社法と密接に関係する。株主総会の開催日の分散・招集通知の公表等も促進している。新興企業向けの市場では，定期的な説明会の実施等といった情報開示の充実も図られている。

　また，取引所は，市場で重大なうわさが広がっているなど重要情報が生じた可能性があるときには，上場契約に基づいて適宜，情報の照会を行うことができる。取引所は取引が混乱しないよう，一時的にその会社の株式を取引停止にすることもある。取引所の記者クラブで報道発表が行われることも多い。

　取引所規則に違反した場合の制裁については，自主規制であるため，法定開示とは異なり，刑事罰等はない。しかし，公表措置，注意処分，上場契約違約金，上場廃止等といった種々の制裁措置がフレキシブルに活用されている。

　なお，適時開示で重要な虚偽の事実を公表した場合，不法行為責任が問われうる（ライブドア事件の東京地判平21・5・21金判1318号14頁）。取引所のルールは法律（ハード・ロー）に対し，ソフト・ローともいわれる。市場システムにおいては，取引所の自主ルールの役割は大きく，法令に準じて扱われうる。

(2)　プロ向け市場と情報開示等

　プロ向け市場とは，自由度の高い取引の場である。法定の厳格な開示を適用せず，取引の活性化を図っている。そうした「特定取引所金融市場」では，特

定投資家等のプロ限定の市場として，一般投資家等による買付けが禁止される（2条31項・32項等）。「特定上場有価証券」が取引の対象になる（2条33項）。

　プロ向け市場では，通常の情報開示義務が免除される（2条3項2号ロ，24条1項1号かっこ書等）。その代わり，まず，プロ向けの特定取得勧誘等の際，発行者は，基本的な証券・発行者の情報である特定証券情報を勧誘の相手方に提供するか，公表しなければならない（27条の31等。基本情報の提供）。

　次に，特定投資家向けの証券の発行者等は，その所有者に対し事業年度ごとに1回以上，発行者情報等を提供するか，公表しなければならない（27条の32等）。最低限の開示であり，詳細は取引所が業務規程で定めている（117条の2第1項・2項）。なお，金融商品取引業者等には，特定投資家向け有価証券の一般投資家向けの取引が原則として禁止され，例外に当たる場合でもプロ向けである旨等を告知し，一定の書面を交付する義務がある（40条の4・5等）。

───〈ポイント：プロ向け市場の動向〉───

　東京証券取引所は，「東京プロマーケット（TPM）」を開設している。ロンドン証券取引所のAIM（Alternative Investment Market，代替投資市場）を参考にする。新興企業向け市場として，自由度の高いプロの特定投資家等限定の市場である。プロ向けの債券市場「東京プロボンドマーケット」もある。

　上場基準が緩やかで法定の開示義務がなく，上場しやすい。企業は上場で知名度や信用力の向上等を得られる。証券会社等が指定アドバイザー（J-Adviser）として，上場会社に指導・助言等を行う。地方経済の振興等にもなる。

4 　その他

(1)　外国会社の情報開示（英文開示）等

　外国会社にとって日本語で開示書類を作成・提出するのは，時間やコストの点で負担となる。そこで，外国会社の有価証券報告書の提出は，金融庁長官が認める場合，英語で記載された「外国会社報告書」と要約した日本語の翻訳文等の「補足書類」の添付で代えることができる（24条8項以下，開示府令17条の2）。英文開示という。資本市場の共通ルールの英語に限定される。同様の取

扱いは，有価証券届出書や四半期報告書，半期報告書，確認書，内部統制報告書，親会社等状況報告書等にも広く認められる（24条の7第5項・6項等）。

　他方，資産金融型証券である「特定有価証券」の場合，企業金融型証券（株式等）と比べ，内容や取引の形態も多様になる。そこで，有価証券報告書の一部を報告書代替書面で代えることが可能である（24条14項等）。四半期報告書にも，四半期代替書面制度がある（24条の4の7第12項等）。

(2)　議決権の代理行使の規制

　会社や大株主等による株主総会に向けた不適切な委任状の勧誘は，投資者に不利益を与えるおそれがある。そこで，何人も，政令で定めるところに違反して，金融商品取引所に上場されている株式の発行会社の株式につき，自己または第三者に議決権の行使を代理させることを勧誘してはならない（194条等）。

　政令の委任状勧誘規制等では，勧誘時には被勧誘者に対して，「議案等を記載した参考書類等」を交付することなどを義務づけている。また，虚偽記載のある書類等による勧誘も禁止している（施行令36条の2以下等）。

第3節　開示の実効性を確保するための措置

【設　例】━━━━━━━━━━━━━━━━━━━━━━━━━━━━━

　上場会社であるA会社は，公表していた決算情報について，隠れて不正な会計操作を行っていた。「巨額の利益の水増し」による粉飾決算である。

　しかし，粉飾の発覚により，A会社の株式は証券取引所を上場廃止となり，多数の投資者が損失を被った。粉飾決算には，どのような防止措置があるか。

━━━━━━━━━━━━━━━━━━━━━━━━━━━━━━━━━

1 粉飾決算・不正会計の問題

(1)　粉飾決算とは何か

　企業の粉飾決算（window dressing）や不正会計の問題が，大きく報道されることがある。粉飾決算とは，【設例】のA会社のように不正に決算を会計操作し，「利益の水増しや損失・赤字の隠匿等」をするものである。こうした決算

の不正操作は，企業や経営者の信用力の維持・向上を動機として行われることが多い。粉飾決算は，資本市場における公正な情報開示への信頼を著しく害し，投資者や取引先等といった広い範囲にわたる多くの関係者に誤解を与える。

　そこで，粉飾決算の効果的な防止対策は，企業社会と市場システムのきわめて重要な課題であり，不正な情報開示に関わった経営者らのほか，公認会計士・監査法人等の責任問題にもなる。その会社の株式を販売した証券会社と証券取引所等の対応も問われる。なお，「逆」粉飾決算は，不正な会計操作により利益を過少に表示するものであり，脱税等の目的で行われる。

(2)　粉飾決算の防止と課題

　粉飾決算については，アメリカのエンロン事件やワールドコム事件が有名である。アメリカでは，これらの大規模な粉飾決算による経営破たん事件を受けて，「Sarbanes-Oxley Act of 2002（SOX法，企業改革法）」が成立し，経営者の宣誓書ないし確認書，内部統制（internal control）システムの導入等の制度改革に結び付いた。こうした制度はわが国でも以下のように平成18年の改正によって取り入れられ，SOX法の日本版として，J-SOXといわれる。

　わが国では従来，重大な粉飾決算事件が発生するたびに，商法・会社法・金商法（旧・証券取引法）などの改正・強化が行われてきた。有価証券報告書の虚偽記載罪等による刑事事件が多かったが，最近では，行政上の課徴金の事例に加え，投資者による損害賠償訴訟といった民事責任の追及も増えている。

② 確認書

　まず財務書類の適正性を確保するため，確認書が求められる。上場会社等（店頭登録会社を含む）は，「有価証券報告書の記載内容が金融商品取引法令に基づき適正であることを確認した旨」を記載した確認書を当該有価証券報告書と併せて，内閣総理大臣に提出しなければならない（24条の4の2第1項，開示府令17条の10等）。代表者と最高財務責任者（定めている場合）の役職・氏名等も記載する（書面の場合は署名も必要。内部統制報告書も同様）。いわゆる宣誓書である。最高財務責任者とは財務報告に関し，代表者に準ずる責任を有する者であり，CFO（Chief Financial Officer）ともいわれる。

　有価証券報告書提出会社で上場会社等以外の会社（継続開示会社という）も，任意に提出することができる（24条の4の2第2項等）。確認書は，有価証券報告書だけでなく，四半期報告書，半期報告書の提出の際にも求められる（24条の4の8，24条の5の2等）。公衆縦覧（5年等）に供せられる（25条等）。

　確認書の不提出等は，過料の対象である（208条2号等）。ただ，刑事責任や民事責任の規定はなく，有価証券報告書等の虚偽記載の問題になる。

③ 内部統制報告書

　次に，内部統制システムの整備が特に重要である。上場会社等（店頭登録会社を含む）は，事業年度ごとに，当該会社の属する企業集団および当該会社に係る財務計算に関する書類その他の情報の適正性を確保するために必要な体制について評価した「内部統制報告書」を，有価証券報告書と併せて，内閣総理大臣に提出しなければならない（24条の4の4第1項等）。提出義務の対象は上場会社であるが，それ以外の有報の提出会社（継続開示会社）も，任意に提出できる（同条2項等）。実際に自社の評価を高めるため，任意で提出している会社もある。取引所等への写しの提出も必要である（同条5項等。確認書も同様）。公衆縦覧（5年）等の対象になる（25条等）。

　内部統制報告書には，「内部統制の基本的枠組み，評価の範囲・基準日・評価手続，評価結果等」が記載される（内部統制府令4条等）。評価結果には，内部統制の有効性，開示すべき重要な不備の有無等が示される。財務報告に係る内部統制は，①業務の有効性と効率性，②財務報告の信頼性，③事業活動に関わる法令等の遵守および④資産の保全の4つの目的達成のためのプロセスであり，「統制環境，リスクの評価と対応，統制活動，情報と伝達，モニタリング（監視活動）およびIT（情報技術）への対応」の6つの基本的要素から構成される。訂正報告書の自発的提出や提出命令もありうる（24条の4の5等）。

　内部統制報告書は，特別の利害関係のない公認会計士または監査法人による監査証明を受けることが義務づけられる（193条の2第2項，内部統制府令6条等）。「内部統制監査報告書」には，内部統制監査の対象，実施した監査の概要，評価結果についての意見等を記載する。内部統制監査は原則として財務諸表監査と一体として行われ，監査報告書も合わせて作成される。内部統制は，目に

見える形である程度文書化され，適切に整備されることが求められている。ただし，資本額等の低い会社（資本金100億円または負債の合計額1000億円以上に達しない会社）については，負担を軽減するため，この監査は新規上場後，3年間免除される（193条の2第2項4号等。監査義務の免除）。

　ちなみに，令和2年時において「重要な不備」があったと記載した上場会社の内部統制報告書は，毎年30件前後に上っている。売上げの過大計上の事案が多く，監督の及びにくい海外の子会社のケースもある。内部統制の実態把握や虚偽記載の再発防止等のため，証券取引等監視委員会も開示検査を行っている（26条等）。粉飾決算の外部協力者の特定関与行為（粉飾の教唆・助言や隠蔽・仮装等）も，課徴金の対象になる（172条の12）。内部統制の整備により，社内の重要な不備が把握されることは経営改善のために有用であり，内部通報制度の整備や企業風土の健全性の確保等が重要になる。もっとも，内部統制には，社内の組織的共謀や経営者による無視等といった機能的な限界もある。

> **争点**
>
> **内部統制と会社法・金商法の相違点**
> 　内部統制システムの整備については，会社法と金商法との違いが重要である。会社法の内部統制は，大会社等に義務づけられ，法令遵守（コンプライアンス）の確保に重点がある（348条4項，362条5項等）。監査役等がチェックする。
> 　これに対し，金商法の内部統制報告書は，上場会社等を対象として，財務情報の適正確保が中心になっている。外部の公認会計士による監査が義務づけられ，虚偽の報告書の提出等には刑事罰等もある。アメリカ法を参考にしているが，企業の負担にも配慮し，リスク・アプローチに基づく重要な業務への監査対象の限定，不備の区分の簡素化，内部統制監査と財務諸表監査の一体的で効率的な実施，ダイレクト・レポーティング（直接報告）の不採用等の点で緩和されている。

4　財務諸表等の作成基準と公認会計士による監査制度

(1)　作成基準

　財務諸表は，上場会社の経営成績等を示す有価証券報告書等の中心である。金商法の規定により提出される貸借対照表，損益計算書その他の「財務計算に関する書類（財務書類という）」は，内閣総理大臣が一般に公正妥当であると認

められるところに従って内閣府令で定める用語，様式および作成方法により作成しなければならない（193条等）。正確性や比較可能性を確保している。

　そのうち，財務諸表等の作成は，財務諸表等規則等のほか，一般に公正妥当と認められる「企業会計の基準」に従う（財務諸表等規則１条１項）。企業会計審議会や，財務会計基準機構の公表する基準等になる（同条２項以下等）。

(2)　公認会計士の監査証明等

　財務諸表は，上場会社の決算書である。その適正の確保には，会計のプロである公認会計士（Certified Public Accountant，CPA）の監査が重要になる。

　上場されている有価証券の発行会社その他の者等（以下，特定発行者という）の財務諸表や内部統制報告書等については原則として，特別の利害関係のない公認会計士または監査法人（上場会社等では，公認会計士法上の登録が必要）の監査証明を受けなければならない（193条の２第１項以下等）。「特別の利害関係」とは，①監査対象会社の役員や使用人であるなどの関係や，②株主・出資者としての関係，③事業・財産経理に関する関係である（同条４項等）。なお，監査法人とは，５人以上の公認会計士からなる法人であり，登記と国への届出が必要になる（公認会計士法34条の２の２以下等）。

　監査証明における公認会計士等の監査意見は主に，①無限定適正意見，②限定付適正意見，③不適正意見，の３つに分かれる（監査証明府令４条６項以下）。意見不表明（差控等）の場合もある。①以外の場合，その根拠（理由）も示さなければならない。有価証券報告書等提出会社の監査報告書には，「監査上の主要な検討事項（Key Audit Matters，KAM）」も記載されており，監査プロセスの透明化・充実が図られている（監査証明府令４条１項等。非上場で資本金５億円未満または売上高10億円未満かつ負債総額200億円未満の会社を除く）。

　監査報告書や四半期レビュー報告書は，財務諸表等の添付書類として，有価証券報告書や四半期報告書等で開示される（開示府令15条１号イ等）。公認会計士等による監査証明のチェック機関として，①金融庁の「公認会計士・監査審査会」や②日本公認会計士協会の活動等も重要になる（第10章第２節①参照）。日本公認会計士協会の品質管理レビュー制度と上場会社監査事務所登録制度について，その決定が争われた判例もある（最判令２・11・27判タ1483号87頁）。

（重要判例）

粉飾決算と公認会計士・監査法人の責任

　粉飾決算において，決算書の監査をしていた公認会計士等の責任が問われる事例もある。監査手続に過失を認定し，監査法人の債務不履行責任が認められたものとしては，ナナボシ事件がある（大阪地判平20・4・18判時2007号104頁）。

　ライブドア事件では，公認会計士や監査法人についても，注意義務を尽くさぬまま監査報告書に署名押印したなどの理由により投資者に対する損害賠償責任が肯定された（24条の4等。東京地判平21・5・21判時2047号36頁）。また，粉飾決算により上場したプロデュース事件でも，金商法22条・24条の4等に基づき故意の粉飾が認定され，監査法人に対し投資者への約6億円の損害賠償が命じられている（東京高判平30・3・19判時2374号57頁。会計士が粉飾を助言・指南）。虚偽記載を認識しつつ，不正に監査意見を表明した公認会計士は，虚偽有価証券報告書提出罪の共同正犯にも当たりうる（最決平22・5・31判時2174号127頁）。

---

(3)　監査証明の不正や法令違反発見時の対応等

　公認会計士等の監査証明については，企業の不祥事の続発に伴い，適切な措置を講じる責任等が課されている。まず，公認会計士等による監査証明に不正等があるときは，内閣総理大臣は，一定期間その公認会計士等が監査証明をした有価証券報告書等について受理しない旨を決定でき，その決定は公表される（193条の2第7項・8項等）。民事責任等が問題となる可能性もある。

　次に，公認会計士等が監査証明の際に，特定発行者（上場会社等）の法令違反等事実を発見したときは，どうすべきであろうか。公認会計士等は「その内容および是正その他の適切な措置をとるべき旨」を，遅滞なく，特定発行者に書面または電子情報処理組織等の方法により通知する義務を負う（193条の3第1項等）。その後一定期間（2週間等）が経過してもなお，重大な影響を及ぼすおそれがあり，特定発行者が適切な措置をとらない場合，あらかじめ特定発行者に通知したうえで，意見を内閣総理大臣に申し出なければならず，申し出た旨等を特定発行者にも通知する（同条2項・3項等）。企業の法令遵守（コンプライアンス）について，公認会計士等にも重要な役割を課す趣旨による。

> **ポイント：公認会計士法による利益相反の回避ルール**

　近年，粉飾決算等の続発により，公認会計士と監査対象の企業との癒着・馴れ合いが大きな社会問題となった。そこで，公認会計士の独立性確保の観点から，大会社等におけるコンサルティング業務等の非監査業務と監査業務の同時提供の禁止に加え，大規模監査法人では上場会社等の監査を担当する筆頭業務執行社員と最も重要な審査担当社員（パートナー）については，継続監査期間の上限を5年，最短インターバルを5年とするローテーション（交代）制度等が採用されている（公認会計士法24条の3等）。なお，日本公認会計士協会は，一定の場合，監査法人（ファーム）自体の交代を求めるルール等の導入も検討している。

　公認会計士の不当な監査証明は，業務の停止や登録の抹消といった懲戒処分の対象になる（公認会計士法29条以下等）。東芝の不正会計事件では，平成27年に多額の課徴金の納付命令等も出された。平成29年には金融庁等により，「監査法人のガバナンス・コード」が策定されている（巻末の資料の5を参照）。内部統制の評価等について，監査法人の債務不履行の責任を否定した判例もある（東京地判令2・6・1金判1604号42頁）。

5 違反に対する制裁

【設　例】

　上場会社のA会社では，粉飾決算による「有価証券報告書の虚偽記載」が発覚した。警察の強制調査が入り，そのニュースが広く報道された。

　その結果，A会社の株価は急落し，同社の株式は上場廃止になった。A会社や役員の責任追及（投資者による損害賠償請求等）は，どのように行われるか。

　不正な粉飾決算を典型例とする継続開示義務の違反に対する制裁は，いくつかの側面から行われる。第1に，刑事責任として，重要な事項に虚偽記載等のある有価証券報告書等の提出者（会社の代表者等）については，10年以下の懲役もしくは罰金1000万円以下，またはそれらの併科になる（197条1項1号）。法人は，7億円以下の罰金である（207条1項1号。両罰規定）。

　また，内部統制報告書，四半期報告書，臨時報告書等の虚偽記載等では，5年以下の懲役または500万円以下の罰金等が，その提出者に科せられる（197条の2第6号等。法人の罰金は5億円以下）。他方，法定の開示書類を提出しない

者（不提出者）の場合，有価証券報告書・内部統制報告書等では，5年以下の懲役または500万円以下の罰金や併科・法人は5億円以下の罰金であり（197条の2第5号等），四半期報告書・臨時報告書等では，1年以下の懲役か100万円以下の罰金や併科・法人は1億円以下の罰金になる（200条等）。

　第2に，民事責任として，上場会社等の投資者への賠償責任がある。不実開示の抑止と投資者の損害の填補といった趣旨ともいわれるが，公正な市場確保のための民事制裁の意義が大きい。有価証券報告書等（確認書等は除く）について，重要な事項に虚偽の記載等（不記載も含む）があるとき，重要な事項等の記載が欠けているとき，提出者（発行会社）は，その書類が公衆の縦覧に供されている間に提出者等が発行者である有価証券を流通市場で取得した者または処分した者（投資者）に対し，原則として虚偽記載等により生じた損害を賠償する責任を負う（21条の2第1項）。

　この賠償責任は，19条1項の算出額（取得額−市場価額等）が上限になる。上限を超える損害賠償は，一般の不法行為責任（民法709条）による。

　もっとも，発行会社が故意または過失がなかったことを証明したときは，賠償の責任を免れる（21条の2第2項）。民法の不法行為責任の特則として，「立証責任の転換された過失責任」である。平成16年改正の導入後に，平成26年改正で2項が挿入され，無過失責任が緩和された。また，有価証券の取得者等が悪意（虚偽記載等を知っていたとき）の場合は除外されており（21条の2第1項ただし書），責任を否定したケースもある（東京高判平29・9・25金判1530号12頁）。この責任は，虚偽記載等を知った時等から2年間，当該書類が提出された時から5年間という短期の消滅時効にかかる（21条の3等）。

　この点，投資者の請求を容易にするため，「損害額の推定規定」が重要になる。虚偽記載等の事実の公表がされたとき，公表日前1年以内にその有価証券を取得し，引き続き所有する者は，公表日前1か月間のその有価証券の市場価額等の平均額から，公表日後1か月間の市場価額の平均額を控除した額を，損害の額とすることができる（21条の2第3項）。虚偽記載等の公表の前後1か月間における市場価額の下落部分を，損害と推定する（処分者は除く）。公表とは，その書類の提出者や提出者の業務・財産に関し，法令に基づく権限を有する者（金融庁・証券取引等監視委員会・証券取引所等）が，重要な事実について，公衆

縦覧その他の手段（報道発表等）で多数の者に知りうる措置をとることである（21条の2第4項）。基本的事実の公表で足り，検察官も公表主体になりうる。

　他方，損害額の推定規定については，「虚偽記載等以外の事情」による値下りを証明すれば，賠償額の全部または一部の責任を負わなくてもよく（減額の抗弁。21条の2第5項），裁判所の裁量による相当額の減額も可能である（同条6項）。金商法21条の2による責任追及の対象は，公衆縦覧される開示書類（確認書等を除く）の重要な事項の虚偽記載等になる（25条1項各号を参照）。

　会社法上の取締役の第三者責任（同法429条1項）における賠償額の算定で，この損害額の推定規定を活用した判例もある（東京地判平27・11・25金判1485号20頁）。また，オリンパス事件の判例は，推定損害額よりも多い損害を民法709条に基づき認定している（大阪高判平28・6・29金判1499号20頁）。

　なお，有価証券報告書や四半期報告書等の流通開示書類の虚偽記載等に基づく「役員や公認会計士・監査法人等の賠償責任」には，広く22条の発行開示違反の規定が準用されている（24条の4，24条の4の6等。22条の内容は第3章第5節を参照）。虚偽記載のある有価証券報告書を提出した場合，1年以内の届出書等の効力停止等といった行政上の措置もありうる（24条の3等）。

（重要判例）

虚偽開示と株価下落の損害賠償訴訟

　上場会社の虚偽開示事件としては，ライブドア事件を巡る訴訟が重要である。平成18年に同社の株式を取得した機関投資家が，有価証券報告書の連結財務諸表に巨額の架空売上を計上した虚偽記載等（粉飾決算）の発覚により，株価が下落して損害を被ったとして同社に対し，約108億円の賠償を請求したものである。

　最高裁は，「推定損害額」から1割の減額等をしたうえで，賠償請求の一部を認容している（最判平24・3・13民集66巻5号1957頁）。損害賠償額について，相当因果関係損害説に基づき認定する。IHI事件でも推定損害額を基本に，裁判所の裁量等により一定割合を減額している（東京高判平29・2・23資料版商事402号61頁）。判例上，取得自体損害か高値取得損害・取得時差額かの区分，減額の割合等が主な争点になっている。西武鉄道事件の最高裁の判決も参照。他方，虚偽記載の情報開示後に株式を取得した投資者の賠償請求について，相当因果関係を否定した判例もある（大阪地判令2・3・27判時2455号56頁。東芝事件）。

　第3に，行政上の課徴金がある（172条の3・4）。発行者（上場会社等）に課される。課徴金の額は，有価証券報告書等の不提出は直前の事業年度における監査報酬額（ない場合には400万円），重要な事項の虚偽記載等の場合は600万円（株券等の市場価額の総額等に10万分の6を乗じて得た額が600万円を超えるときはその額）である。四半期報告書や半期報告書等の場合は，その2分の1の額になる。発行会社の役員は対象になっていないが，虚偽開示書類等（粉飾決算等）の教唆等をした特定関与者（指南者等）には，報酬額相当の課徴金が課される（172条の12）。令和2年度の開示規制違反の課徴金勧告は，10件に上っている。平成27年には東芝の不正会計事件で，同社に対し約73億円の課徴金納付命令が出された。継続開示書類の規制違反について，有価証券報告書とともに，四半期報告書や臨時報告書等の虚偽記載を認定した事例も見られる。

　第4に，上場会社の場合，証券取引所による自主規制としての注意処分や上場契約違約金，重大な違反には上場廃止等といった制裁もありうる。上場廃止とされた有名な例には，西武鉄道事件，ライブドア事件等がある。

◆　検討課題

(1)　金商法の情報開示の中心である，有価証券報告書の意義と内容を検討しなさい。有報の特徴や会社法の決算書・決算開示との関係はどうであろうか。

(2)　四半期報告書と臨時報告書について，説明しなさい。自己株式の買付状況や親会社情報の開示とは何か。また，証券取引所の情報開示はどうか。

(3)　粉飾決算とは何か。その防止策として，内部統制システムや確認書等について検討しなさい。会社法との違いや具体的な事例はどうか。

(4)　公認会計士・監査法人について，説明しなさい。監査意見や粉飾決算との関係はどうか。公認会計士・監査審査会や日本公認会計士協会のホームページも参照。監査法人のガバナンス・コードとは何か（本書の資料5(3)）。

(5)　虚偽の継続開示の責任には，どのようなものがあるか。刑事責任等に加え，投資者による株価下落に基づく損害賠償訴訟について検討しなさい。

第5章

株式の大量取得・保有等の規制
～企業買収ルール～

　この章では，上場会社の株券等の大量取引に関する規制を説明する。特に市場外での大量取得については，市場ルールの観点から，公開買付け（TOB）による情報開示規制や公開買付者の行為規制が中心になる。また，大量保有報告書による市場構造に関する情報開示（5％ルール）の規制も重要性が大きい。

　株式の大量取得の際には，経営支配権への影響が問題となる。そこで，「企業の合併・買収（M&A, Mergers & Acquisitions)」などに関しては，証券市場の透明性や公正・平等を確保するためのルールが社会から求められている。

第1節　公開買付け（TOB）の規制

1　なぜ株式の大量取得に規制が必要か～市場ルールの尊重～

(1)　「公開買付け」とは何か

【設　例】────────────────────────────

　A会社は，上場会社であるB会社の買収・支配権の取得を目的として，B会社の大量の株式の取得を，秘密で進めつつある。もしB会社の経営者に知られた場合，「買収防衛策ないし対抗措置」を採られるかもしれない。

　株式の大量取得について，公開買付け（TOB）の実施が義務づけられるのは，どのような場合になるか。公開買付開始公告・意見表明報告書とは何か。

────────────────────────────────

　【設例】のような上場会社を巡る企業買収や経営統合・組織再編等における

株式の取得の際には，「公開買付け」の実施が検討されることが多い。公開買付けとは一般に，Take Over Bid（TOB）と呼ばれ，「市場外」における上場会社の株式等のオープンな大量取得行為を意味する（27条の2第6項）。イギリスでは同様にTOBといわれるが，アメリカでは，Tender Offerという。

なぜ「市場外の大量買付け」が行われるのであろうか。大量の株式を市場内で取得するのは，時間やコストがかかる。流通している株式の量にも限界がある。そこで，大株主との交渉等により株式の大量の取得がよく行われる。

しかし，経営支配権の取得等を目的とする市場外の大量の株式取得には，規制の必要性が生じる。その理由は，第1に，公正な市場秩序（競争原理・オークション機能）に基づくルールが及ばないため，不正行為がなされやすく，市場の公正な価格形成に大きな影響を与えることにある。相場操縦や不当な勧誘も行われがちになる。公開買付けは市場メカニズムから見ると，短期的な大量の株式の買取勧誘として，発行市場における株式の「売出し」の反対現象であり，買付者と株主（投資者）との間に情報格差・非対称性が発生する。そこで，適切な情報開示と平等性の双方を確保する措置が求められる。

第2に，支配株式には多額のプレミアムが付されることも多いが，支配権プレミアムの分配は市場参加者である少数株主にも平等になされるべき要請もある。機会均等理論という。第3に，上場株式の大量取得は，市場に重要な影響を及ぼすため（株価の変動要因になる），公正な情報公開が強く望まれる。

＜ポイント：企業買収のメリットとデメリット＞

企業買収（M&A）のニュースは多い。企業が他の企業を買収するメリットは，何であろうか。スピーディーな事業の拡大による新たな取引先や顧客の獲得等が典型である。買収される側にも，資金援助を得られるなどの利点がある。

他方，企業買収には，デメリットやリスクもある。買収先企業のリスク（財務内容等）や，事業統合の手続（契約・監査・届出等）に伴うコスト，統合の相乗（シナジー）効果が低い場合等である。相手会社の経営者が拒否する場合，交渉に時間もかかり，破談のリスクも生じる。なお，買収の手段としては，公開買付けのほか，支配的な株式の譲渡，第三者割当増資（買収先への株式発行），合併，株式交換など様々な方法が用いられる。TOBは会社法とも関係が深い。

図表5-1	公開買付市場の法規制の全体像

```
          経営者
   対象者（上場会社等）公開買付者←情報開示の義務や行為規制
                      ┃市場外で株券等の大量買付けを勧誘
   応募株主・投資者←━━┛
       └→TOBへの応募（株券等の売却）を検討
```

(2) 公開買付市場の法規制の趣旨等

　公正な価格形成を確保するため，上場株式等の大量取引については，公告や届出等の情報開示や公正・平等といったルールを特別に義務づける必要がある（27条の2以下）。公開買付制度の趣旨は，「市場外」における大量の株取引について，可能な限り市場ルールを及ぼし，透明性と公平・平等な売却の機会を確保することにある。公正な企業買収ルールといわれる。その意味で，公開買付規制は，「流通市場」規制の一環と見ることもできる。

　公開買付市場の法規制はアメリカ法等を参考に，公開買付者に対し一定のルールの遵守を強制している。「公開買付け」とは，不特定かつ多数の者に対し，公告により株券等の買付け等の申込みまたは売付け等（売付けその他の有償の譲渡をいう）の申込みの勧誘を行い，取引所金融商品市場外で，株券等の買付け等を行うことと定義される（27条の2第6項）。発行者以外の者によるTOB（他社株公開買付け）が中心になる。

　多くの公開買付けは，買収先企業の経営者の同意のある友好的買収で使われている。しかし，近年，そうした同意のない敵対的TOBや関連訴訟も増えており，公正かつ透明性の高い公開買付制度の機能が注目を集めている。

　また，公開買付けは，会社の合併等の組織再編や経営統合等の前段階として，一定数の株式の確保に用いられる。多数派の株主になれば，株主総会等の組織再編の手続がスムーズに進むためである。公開買付けは会社による「自己株式の取得（自社株買い）」でも活発に利用されており，TOB全体の相当数を占める。「発行者による公開買付け」といい（27条の22の2），最後の⑥で説明する。

76

重要判例

ライブドア対ニッポン放送の敵対的買収事件

　一般に対象会社（者）の経営者が買収に同意している場合を「友好的買収」，同意せずに反対している場合を「敵対的買収」という。敵対的買収として著名な事件には，ライブドア対ニッポン放送事件がある。平成17年2月に，ライブドアが公開買付けによらず，東京証券取引所の時間外取引（立会外取引，ToSTNeT－1）によってニッポン放送株を大量に取得したことを中心とするものである（それ以前の約5％と合わせて約35％を保有）。この株式の大量取得は，フジテレビがニッポン放送株の公開買付けを実施している期間中に突然行われた。

　そのため，株式の取得方法について公開買付規制の脱法性が問題となるなか，ニッポン放送側は敵対的買収への防衛策として，フジテレビに大量の新株予約権を発行しようとした。しかし，裁判所は大株主となったライブドアによる差止仮処分の申請を認め，新株予約権の発行は，経営支配権の維持・確保を主要な目的とする商法（会社法247条2号）に違反した不公正な発行に当たると判断している（東京高決平17・3・23判時1899号56頁）。この事件を巡っては，「敵対的企業買収と買収防衛策」の議論も活発になった（後述のポイントも参照）。

　その後，平成18年にライブドアは，同社の社長が粉飾決算，偽計，風説の流布等を理由に逮捕された後，上場廃止となる（第6章第3節②参照）。なお，村上ファンドによるインサイダー取引等も問題となった（第6章第1節③参照）。

---

② 公開買付けはどのような範囲で強制されるか

(1) 対象となる株券等

　まず，公開買付規制の対象は，「上場会社等の経営支配権」に関わるものである。そのため，有価証券報告書の提出会社（継続開示義務のある会社）または特定上場有価証券（プロ向け市場。店頭売買を含む）の発行者の「株券等（株券，新株予約権証券，新株予約権付社債券，投資証券等に加え，それらの信託受益証券や預託証券）」が対象になる（27条の2第1項，施行令6条等）。上場会社等の株券等である。なお，議決権のない株式は除外されている。

　次に，株券等の「買付け等」とは，買付けその他の有償の譲受けになる（27条の2第1項等）。贈与・相続（無償での取得）や新株発行・合併等の承継（譲受けではない）による取得は除外されるが，売買の予約，コール・オプション

や他社株転換可能債（EB債）の取得，自己株式の処分等は含まれる。

　公開買付けによれば，買付価格や目的等が事前にオープンな形で公表され，市場の透明性・公平性が図られる。しかし，買付者にとっては情報開示等の負担や事実上買収の障害になりうる。そのため，抜け穴を探し，TOBの情報開示ルールの回避や脱法を試みる事件もあり，実質的な運用が欠かせない。

会社法の関連テーマ：経営支配と持株比率

　企業の経営支配権は，株式（より正確には，議決権）が重要なポイントになる。株式の保有数は持株比率といわれる。会社法においては過半数（50%超）の議決権を取得すれば，株主総会を支配でき，経営者の選任・解任権を得ることができる。3分の1を超えると，合併等の重要な決議事項への拒否権を獲得する。

　さらに，議決権ベースで3分の2を超えると，その取得者が圧倒的多数を得ることになる。そして，その会社の100%の株式を取得することができれば，少数派株主のいない完全に支配的な状況となり，効率的な意思決定も実現できる。

---

(2)　公開買付けが強制される行為の態様

　まず，公開買付けの実施が強制される行為の態様は原則として，①「市場外の5%超」の株券等の取得である（5%基準）。60日間で10名を超える多数の者から，市場外で株券等を買い付け，買付け後に株券等所有割合が5%を超える場合になる（27条の2第1項1号，施行令6条の2等。60日間で10名以下の「特定買付け等」や店頭売買・PTSの取引等は適用除外）。多数の投資者に買付けを勧誘する場合，公正を図る必要がある。5%という基準は大量保有報告制度と合わせ，経営への影響度や国際的水準を参考にしている。

　株券等所有割合には特別関係者の保有分が加算される。特別関係者には，2つの基準がある。形式基準は，公開買付者と株式の所有関係・親族関係等の特別な関係にある者であり，実質基準は，共同の取得・譲渡・議決権等の行使や事後の譲渡・譲受けを合意している者になる（27条の2第1項1号かっこ書と7項1号・2号等）。このうち，形式基準による特別関係者は，買付者が個人の場合，親族（配偶者・1親等以内の血族・姻族）や親族と合わせて20%以上の議決権を所有する法人等（特別資本関係）とその役員であり，法人等の場合，①そ

の役員・②買付者が20％以上の議決権を所有する「他の法人等」とその役員・③買付者の議決権を20％以上保有する個人（親族を含む）や法人等とその役員である（兄弟会社は除く）。なお，「株券等所有割合」とは，買付者と特別関係者の所有する株券等に係る議決権の数の合計を，発行者の総議決権の数に買付者等の新株予約権付社債券等の潜在株券等の議決権の数を加算した数で除して得た割合をいう（同条8項，施行令9条）。要するに，総議決権数に占める買付者等の所有割合である。

　次に，以下のような場合にも，公開買付けの実施が強制される（27条の2第1項2号～6号等）。いずれも，3分の1を超える特別な大量取得になる。

　②著しく少数の者からの3分の1超の取得であり，「3分の1ルール」という（同項2号等）。60日間で10名以下の者から市場外で株券等を買い付けた後に3分の1を超える場合である。3分の1を取得すると，合併等の重要事項に関し株主総会の特別決議の拒否権という大きな影響力を握るためである。

　③「特定売買等」による取得である（同項3号等）。特定売買等とは，取引所市場内ではあるが，競売買の方法以外のものとして，東京証券取引所の立会（時間）外取引のToSTNeT取引等を指す。買付け後の株券等所有割合が3分の1を超える場合になる。前述のライブドアの買収事件を契機に加えられた。

　④「市場内外等の組合せ」である。3か月以内に株券等の総数の10％超を取得し（買付け等や新規発行取得等により），そのうち立会外取引・市場外取引等（公開買付けや適用除外買付け等を除く）が5％超含まれている場合であって，取得後の株券等所有割合が3分の1超となるものであり，市場外等の買付部分に公開買付けが強制される（同項4号，施行令7条2項以下等）。例えば，20％を保有する株主が，3か月以内に第三者割当増資により8％，市場外取引により7％を買い付けた結果，合計で35％になると，このうち市場外の7％の部分には公開買付けの実施が強制される。そのため，市場外で直接大株主から5％超を取得した大量取得者は，3か月間は公開買付けによっても3分の1超に上昇できない。急速な買付け制限ないしスピード制限ルールとも呼ばれる。

　⑤「競合的買付け」である。他者の公開買付けが行われている期間中に，株券等所有割合がすでに3分の1を超える者がさらに5％超の株券等の買付けを行う場合になる（27条の2第1項5号，施行令7条5項以下等）。買付者間の公

平の確保を目的とする。⑥その他これらに準じる場合である（同条7項等。PTS取引により3分の1超となる場合等）。③〜⑥は，主に②の派生になる。

　他方，支配権の取得に関係せず，弊害も少ないため，公開買付けが強制されないケースもある（27条の2第1項ただし書，施行令6条の2等）。適用除外買付け等として，例えば，新株予約権や株式の割当権の行使・従業員持株会・特別関係者（形式基準）からの買付け等のほか，関係法人等のグループ全体で3分の1超の議決権を所有する場合・兄弟会社からの場合や買い付ける株券等の所有者が25名未満で全員が同意している場合（最判平22・10・22民集64巻7号1843頁は株式の種類ごとに計算）・担保権の行使や事業の譲受けの場合の「特定買付け等」がある。ただし，親会社等（株券等所有割合が50％超）による特定買付け等の場合，その後の所有割合が3分の2以上となるときは，少数株主保護のため公開買付けの実施が強制される（施行令6条の2第1項4号等）。

◇ポイント：公開買付強制の範囲を巡る事件・問題点◇

　公開買付けの強制の範囲については，いくつかの事件が法改正に影響を与えている。第1に，平成17年には，いわゆる村上ファンドによる阪神電鉄株の大量取得の方法が問題となった。そこでは，証券市場の内と外といった種々の方法が「併用」され，公開買付けを使わず，3分の1超の株式を取得している。

　第2に，平成18年にはドン・キホーテによるオリジン東秀株の大量取得で，公開買付け直前に，市場外で株式を取得した点等が問題視された。その後も，持株会社の買収を通じて間接的に上場会社の経営支配権を取得した事例や，TOBをせず大量の新株予約権を取得した事例も問題になった。

3　情報開示（ディスクロージャー）の規制

　公開買付制度における情報開示規制としては，公開買付開始公告，公開買付届出書，公開買付説明書の交付，意見表明報告書，結果公告等がある。

(1)　公開買付開始公告・届出書・説明書とは何か

　公開買付けにより投資者を勧誘する際には，次のような情報開示が重要になる。第1に，公開買付者は，氏名や住所・目的のほか，「買付価格，買付予定

数，買付期間，応募・決済の方法等」を公告しなければならない（27条の3第1項，施行令9条の3等）。公開買付開始公告という。公告は，日刊新聞紙と金融庁のEDINET等により行われる。買付価格が特に注目を集める。

　第2に，公開買付開始公告を行った者は，その日に買付条件等を記載した書類と添付書類といった公開買付届出書を内閣総理大臣に提出しなければならない（27条の3第2項等）。経営方針や買収価格の算定根拠，買付けの資金の存在等も記載される。また，公開買付者は提出後直ちに，届出書の写しを対象となる株券等の発行者（他の届出者がいる場合はその者にも）に加え，上場株券等や店頭売買株券等では金融商品取引所・認可協会に送付しなければならない（同条4項等。相手の承諾を得てEDINETで代替可）。公衆縦覧される（27条の14等）。

　届出書を提出すれば，公開買付者と特別関係者等（公開買付者等という）は開始公告の翌日以後，売付け等の申込みの勧誘等を行うことができる（27条の3第3項等）。有価証券を対価とする公開買付けでは，募集等の届出も必要になりうるが，届出と同時に勧誘等は可能である（27条の4等）。開始公告や届出書に不備等がある場合，訂正の公告等が義務づけられ，自発的な訂正のほか，内閣総理大臣の命令により訂正届出書の提出も求められうる（27条の7・8等）。

　この点，MBO（Management BuyOut，経営者が参加する自社買収）の場合，公開買付届出書の特則として詳細な情報の開示が求められ，MBO固有の利益相反（conflict of interests）リスクを防止している。そこでは，公開買付者が対象者の役員等である場合，「買付価格の公正性」を確保するため，価格算定に当たり参考とした第三者による評価書や意見書その他の写しの提出に加え，利益相反を回避する措置等の記載が必要になる（公開買付府令12条等）。

　MBOにおいて買付価格が不当に安い場合，一般株主・投資者にとって突然会社から不利な条件で締め出し（スクイーズ・アウト）を強制されるリスクがあり，市場の不安定要因になる。そこで，経営者側の価格や情報操作がないよう，独立した第三者（金融機関や監査法人等）による評価等が必要になる。

　MBOでは，経営者側が，①TOBの実施に続いて，②全部取得条項付種類株式等の方法により，TOBに応じない残りの少数株式の強制取得を株主総会の特別決議等で行うことが多い。「二段階買収」という。MBOにより株式は経営者の設立した会社等に集中する結果，上場廃止等になるため（非公開化取引・

閉鎖会社化），迅速な経営改革を実施できるメリット等がある。改革後にその会社の株式を高値で再び上場すれば，経営者等は巨額の利益を得る可能性がある。買収の資金を投資ファンドや金融機関等が貸し付け，買収先企業の資産を担保にした，借入金による買収であるLBO（Leveraged BuyOut）も見られる。

(重要判例)

MBO（経営者が参加する買収）と相次ぐ訴訟

　MBOには，実務上のニーズが多い。しかし，その件数が増えるにつれて訴訟も相次いでいる。特に焼肉の牛角を運営していた，レックス・ホールディングスのMBOを巡る裁判が注目を集めた。この事件では，TOBを実施する前に経営陣が「業績悪化の予想」を公表し，下落した低い株価でMBOが行われたため，不満を持った株主が裁判所に価格決定の申立てをした（会社法172条参照）。

　第1審は経営者側の申立てを認めたが，控訴審は客観的価値に20％を加算した額としてプレミアムの上乗せを認めることにより株主側に有利な決定をし，最高裁もその判断を是認した（最決平21・5・29金判1326号35頁）。この事件等を契機に経済産業省が公表した，MBOの指針も実務上のガイドラインとしてよく参照される。MBOやTOBには強圧性等の問題が生じうるため，同指針は公平・中立な特別委員会の設置等を求めている。

　公正なMBOルールの構築は，資本市場の重要な課題である。MBOに関し，取締役の責任が問われた判例もある（大阪高判平27・10・29判時2285号117頁）。

　第3に，公開買付者は，公開買付届出書をもとに「公開買付説明書」を作成し，応募してきた株主（売付け等を行おうとする者）に対し，あらかじめまたは同時に交付しなければならない（27条の9第1項・2項等）。その後，届出書を訂正した場合，訂正した説明書も交付を要する（同条3項等）。公開買付届出書等の開示書類は原則として5年間，公衆の縦覧に供せられる（27条の14等）。

(2)　対象者による意見表明・質問への回答等

　公開買付けの状況では，経営支配権の取得等が問題になる。そうした際には，対象者（上場会社等）の経営者の意見や質問，公開買付者による質問への回答も，投資者の判断や市場における公正な価格形成のための重要情報になる。

82

　そこで，公開買付けに係る株券等の発行者（対象者という）は，公開買付開始公告の日から10営業日以内に，「意見表明報告書」を内閣総理大臣に提出しなければならない（27条の10第1項等。EDINETによる。以下の報告書も同様）。意見表明は義務であり，沈黙は許されない。意見表明報告書には，対象者の意見（賛同・反対・中立，応募推奨の是非等）と根拠・理由，買収防衛策等を記載する。また，公開買付者への質問や，公開買付け等の期間が30営業日より短い場合は，30営業日への延長請求も記載できる（同条2項等）。意見を留保する場合，理由等を記載する。延長請求を記載した場合，対象者は期間延長請求公告を行い，公開買付者は期間を延長しなければならない（同条3項以下等）。

　意見表明報告書に質問が記載されている場合，公開買付者は写しの送付を受けた日から5営業日以内に，回答等を記載した「対質問回答報告書」を内閣総理大臣に提出しなければならない（27条の10第11項等）。回答の必要がないと認めた場合，理由を記載する。意見表明報告書や対質問回答報告書等は，対象者と公開買付者（他の届出者も含む）との間や，金融商品取引所・認可協会に直ちに写しを送付しなければならず（被提供者の承諾を得て電子提供でも可），5年間公衆縦覧される（同条9項等）。数回にわたり質問・回答が行われることも多いが，金商法上の開示義務は1回のみである。公開買付者から対象者への質問権は法定されていない。回答等の記載事項に変更があった場合，訂正報告書を提出しなければならず，提出命令もありうる（27条の10第8項・10項等）。

ポイント：企業買収と情報開示の充実等

　金商法では，企業買収における情報開示の充実等が，市場の公正確保の観点から図られている。第1に，買収の対象となった企業から公開買付者への質問が認められ，公開買付者には対質問回答報告書の提出や開示が義務づけられる。
　第2に，TOBの期間が短い場合，延長も請求できる。企業は事前警告型や時間かせぎのための買収防衛策と併せて，そうした措置を検討する必要がある。

(3)　公開買付終了時の開示

　公開買付者は，公開買付期間の末日の翌日に原則として，「応募株券等の数その他の事項」を公告または公表しなければならず，同じ日に，公開買付報告

書の内閣総理大臣への提出も求められる（27条の13第1項・2項，公開買付府令30条等）。公開買付けの成功・失敗の開示になる。ただし，公開買付けの撤回の公告をした場合，公告等は必要ない（27条の13第1項ただし書）。

　公開買付けによる買付け等を行う場合，買付け等の期間が終了したときは，遅滞なく買付け等をする株券等の数その他を記載した通知書（公開買付通知書という）を応募株主等に送付しなければならない（27条の2第5項，施行令8条5項等）。そして，買付け等に係る受渡しその他の決済が行われる。

4　行為（実体的）規制とは何か～公正・平等ルール～

【設　例】

　上場会社のA会社の経営者らは，B会社が自社の買収を考えていることを伝えられた。B会社は，公開買付け（TOB）の実施も予定している。

　これに対し，A会社はB会社の買収提案を拒否し，TOBへの反対を表明した。さらに，敵対的買収に対抗するため，買収防衛策も検討している。

　大量の株式等の取得に際しては，公正・中立な市場ルールの遵守が要請される。公開買付けの行為規制としては，撤回・条件変更等への制約，買付条件の均一性，別途買付けの禁止等がある。また，応募株主には解除権が与えられている。「公平な売却機会の確保」や相場操縦等の防止を目的としている。

(1)　買付条件の均一性・別途買付けの禁止等

　第1に，買付条件は均一でなければならない。特に株券等の「買付け等の価格」は，均一の条件によらなければならない（27条の2第3項，施行令8条2項等）。価格を引き上げた場合，すべてその価格で買い付けることになる。

　第2に，「別途買付け」は禁止される。公開買付者や特別関係者等は，原則として公開買付期間中，公開買付け以外の方法でその株券等の買付け等を行ってはならない（27条の5等）。買付条件の均一性を裏面から保障している。

　ただ，例外として，①買付け等の契約を公開買付開始公告前に締結し届出書で明示している場合，②形式上公開買付者の特別関係者でも実質上該当しない旨を申し出ている場合，③その他の場合（会社法上の株式買取請求権や新株予約

権の行使等），買付け等が可能である（27条の5第1号〜3号，施行令12条等）。

会社法の関連テーマ：投資者の平等と株主の平等

　資本市場では，投資者の平等が法規制の趣旨として重視される。公開買付けにおける買付条件の均一性等のほか，インサイダー取引の禁止（166条），情報開示の局面でも平等性が強調される。多数の投資者の参加を前提とする，証券市場のシステムが成り立つためのものであり，市場成立の前提条件といわれる。

　他方，会社法の株主平等原則（109条）は会社と株主との間の利害調整，多数派株主による権限濫用（不当な圧力・搾取等）からの少数株主の保護等の重要な機能を担う。株式の均一性という市場取引の適格性の要請も大きい。

　第3に，買付期間は，公告日から「20営業日以上で60営業日以内」でなければならない（27条の2第2項，施行令8条1項等）。一定の場合には，延長できる（他者の競合TOBの開始ではその末日まで）。20日の最短期間は，株主が応募する機会と熟慮期間の確保を目的とし，60日の最長期間は，応募者や対象会社を長期間不安定な地位に置くことを防ぎ，取引の円滑を図る趣旨による。

　なお，株券等の管理，買付け等の代金の支払その他の事務は，金融商品取引業者（第1種業のみ）や銀行等に行わせなければならない（27条の2第4項等）。実際は，証券会社を公開買付代理人として，事務を委託する場合が多い。

ポイント：敵対的企業買収と「買収防衛策」

　敵対的企業買収の場合，対象会社の経営者らは防衛策を検討することが多い。買収防衛策には，大量の株式・新株予約権の第三者への発行や株式の分割等があり，買収側の議決権の低下や買収コストの増加・時間かせぎ等を狙う。その際，友好的な第三者であるホワイト・ナイト（白馬の騎士）も重要な役割を持つ。

　また，対抗的な公開買付け（TOB）のほか，標的となる重要な財産（クラウン・ジュエル）の売却，逆に相手に公開買付けをかけること（パックマン・ディフェンス），対象会社の役員に多額の退職金等を与えること（ゴールデン・パラシュート），平時の安定株主工作等の方法がある。本章①④の重要判例も参照。

　どのような場合に，買収防衛策の導入や発動が許されるのか。会社法の判例上

新株発行等が経営者の保身等を主要目的とする場合，不公正発行に当たる（主要目的ルール。会社法210条2号等）。そのため，買収防衛策の導入・発動は，「企業価値の維持・向上のため必要性・相当性を満たす範囲」でのみ可能とする見解が多い。実際に，ブルドックソース社を巡る敵対的買収事件で最高裁はそのような考え方を採用し，差別的行使条件付きの新株予約権無償割当てによる買収防衛策に対し，株主平等の原則違反等を理由に差止仮処分を申し立てた，アメリカの投資ファンドの請求（会社法247条の類推適用）を棄却している（最決平19・8・7民集61巻5号2215頁）。総会決議等を前提に，買収防衛策が肯定された。

　一方，防衛策の発動には，独立委員会や株主総会の決議等の中立・公正なプロセスも求められる。企業価値への影響や濫用的買収者か否かどうか等を公正に判断するため，イギリスのテイクオーバー・パネルのような，企業買収に関する中立で専門的な機関の必要性も主張されている。株主以外の利害関係者（従業員や取引先，地域社会等のステークホルダー）の利益への配慮も重要になりうる。

(2)　条件の変更・撤回・応募株主等の契約解除権

〔1〕条件の変更の制限等

　買付条件等の変更が自由になされると，応募株主を害する場合がある（不利な変更）。そのため，公開買付者は，原則として「①買付け等の価格の引下げ，②買付予定の株券等の数の減少，③買付け等の期間の短縮，④その他政令で定める買付条件等の変更」は，行うことができない（27条の6第1項等）。

　ただ，①の買付価格については，公開買付開始公告と届出書において，期間中に対象者が株式の分割その他（株式や新株予約権の無償割当て等）を行ったときは価格の引下げを行うことがある旨の条件を付した場合，変更が可能である（27条の6第1項1号かっこ書，施行令13条1項）。買収防衛策の発動等に応じて変更を認めないと，公開買付者に不利益を強いる結果となるため，買収側と防衛側のバランスを取っている（重要判例も参照）。④の政令で定める変更の禁止には，買付予定株券数，買付期間，対価の種類の変更等が含まれるが，「対抗的TOBの出現」等の場合，例外として変更も認められる（施行令13条2項）。

　①〜④以外の買付条件等については，変更も可能であるが，原則として公開買付期間中に変更内容その他の事項の公告が求められる（27条の6第2項・3項等）。訂正届出書の提出も必要になる（27条の8第2項等）。なお，原則とし

て買付け等に不明確な条件（買付資金の調達の見込み等の条件）を設定すること
は禁止される（27条の13第4項。後述の買付数の上限等を除く）。

〔2〕 公開買付けの撤回等

公開買付者は，公開買付開始公告をした後においては，原則として申込みの
撤回および契約の解除（公開買付けの撤回等）を行うことができない（27条の11
第1項本文等）。自由な撤回は，安易な公開買付けを招き，応募株主の地位を不
安定にするとともに，不正な株価操作のおそれを生じるためである。

例外として公開買付者による撤回が認められるのは，以下の2つの場合であ
る。第1に，公開買付開始公告および公開買付届出書において，発行者やその
子会社の業務・財産に関する重要な変更その他の「公開買付けの目的の達成に
重大な支障となる事情」が生じたときは撤回等をする旨の条件を付した場合，
第2に，公開買付者に「破産手続開始の決定その他（解散等）」の重要な事情
の変更が生じた場合，である（27条の11第1項ただし書，施行令14条等）。

第1の場合は，「買収防衛策の発動」に応じて，公開買付けの撤回等を認める
ものである。政令等により，合併等の組織再編や株式の分割等が列挙されてい
る。第2の破産等の場合は，第1の場合と異なり，応募株主に容易に理解でき
る事情のため，あらかじめ条件を付していなくても撤回できる。撤回等を行お
うとする場合には，その旨と理由その他を公告し，それと同日に公開買付撤回
届出書を内閣総理大臣に提出しなければならない（27条の11第2項以下等）。

（重要判例）

買収防衛策と夢真ホールディングス対日本技術開発事件

買収防衛策に関しては，日本技術開発事件が著名である。平成17年7月に夢真
ホールディングスが経営権の取得を目的に日本技術開発の株式を買い進めたが，
夢真の「公開買付けへの防衛策（対抗策）」として，日本技術開発が公開買付期
間中に株式分割（1株を5株に分割）をした。そこで，分割した株式を対象とす
る公開買付けはできるか，条件の変更は可能か等が問題になった。

その結果，買付条件の変更や撤回事由の弾力化に関する法改正が行われた（買
占めは応募株式が少なく失敗）。なお，夢真側が訴訟を提起した株式分割の差止
仮処分の申立ては却下されている（東京地決平17・7・29判時1909号87頁）。

〔3〕応募株主等の契約解除権

これに対し，応募株主等は公開買付期間中においては，いつでも，その公開買付けに係る契約の解除をすることができる（27条の12第1項）。応募株主等とは，公開買付けに係る買付行為の申込みの承諾または売付け等の申込みをした者をいう。応募株主等は損害賠償や違約金・費用の負担なく，何度でも乗り換えができる（同条2項・3項，施行令14条の2等。政令の方法等による）。

熟慮期間の確保とともに，他に競合する対抗的TOBないし対抗ビッドが現れた場合，流通市場に準ずる公正な買付価格のオークションを可能にする趣旨で，株主に特別な権利を与えている。単なるクーリング・オフではない。

(3)　買付数量の条件と予定数を超える場合等

公開買付者は，公開買付期間中における応募株券等の全部について，一定の場合を除き，原則として公告等に記載した買付条件等により，「買付け等に係る受渡しその他の決済」を行わなければならない（27条の13第4項等。全部買付型）。例外となる一定の場合とは，撤回等を行う場合のほか，①公告等において応募数の合計が予定数に満たないときは，全部の買付け等をしないという条件を付した場合（下限），②同じく公告等で応募数の合計が予定数を超えるときは，超える部分の買付け等をしないという条件を付した場合（上限。部分買付型）である。買付資金との関係等で，買付数に条件を付すことが多い。

②の条件は，公開買付け後の公開買付者の株券等所有割合が3分の2を下回る場合に限られ（施行令14条の2の2等），3分の2以上となる場合は少数株主を保護するため，原則として発行者のすべての種類の株券等を公開買付けの対象とし（全部勧誘義務），応募のあったすべての株券等を決済しなければならない（全部買付義務）。また，②の部分的公開買付けを行う場合，公開買付者は，応募株主等から「按（あん）分比例方式」により買付け等を行わなければならない（27条の13第5項等）。受付順ではなく，応募数に応じて均等に買付ける。応募株主等の平等を図る趣旨であり，TOBの主要な効果になる。

5　規制に違反した場合の制裁

(1)　刑事責任・課徴金

　公開買付けの規制に違反した場合，どのような制裁があるか。第1に，刑事罰として，①重要な事項に虚偽記載等のある公開買付開始公告や公開買付届出書等の提出者等（代表者等）については，10年以下の懲役もしくは1000万円以下の罰金か，それらの併科・法人の両罰規定の7億円以下の罰金の対象になる（197条1項2号・3号，207条1項1号）。また，②公開買付開始公告等の不実施・届出書等の不提出・意見表明報告書・公開買付説明書等の虚偽記載等は，5年以下の懲役か500万円以下の罰金・併科・5億円以下の法人罰金（197条の2第4号以下等），③別途買付け等の禁止違反・公開買付説明書等の不交付・意見表明報告書等の不提出等は，1年以下の懲役か100万円以下の罰金・併科・1億円以下の法人罰金（200条3号等）等と段階的に罰則が設けられている。

　第2に，現場での対応としては，行政当局が重要な役割を持つ。まず課徴金として，公開買付開始公告を行わないで株券等の買付け等をした者には，株券等の買付総額の25％の納付命令が課され，虚偽記載等のある公開買付開始公告・届出書等の提出者も同様である（172条の5・6）。平成21年度には，公開買付開始公告の実施義務違反により，課徴金納付命令を勧告されたケースが発生した。次に，公開買付者等の関係者に対し，行政は報告や資料の提出を命じ，帳簿書類その他を検査できる（27条の22）。なお，何人も公開買付届出書等に関し，内閣総理大臣が真実性や正確性を認定したものとみなすことはできず，公開買付者等によるそうした表示も禁止される（27条の15）。

(2)　民事責任

　公開買付規制の違反者は，民事責任として損害賠償責任を負う。その対象は別途買付禁止や買付条件等の違反者，虚偽記載等のある公開買付説明書の使用者，虚偽記載等のある公開買付開始公告を行った者等である（27条の16～20）。

　無過失責任や立証責任の転換，賠償額の算定方法の法定等により，公開買付けに応じて株券等の売付け等をした者等が，損害の賠償を請求しやすい。厳しい責任であるため，違反を知った時から1年間，買付期間等から5年間という

短期の消滅時効の対象になる（27条の21）。なお，対象会社等による違法な公開買付けや議決権行使の差止めの可否を巡っては議論がある。

6　会社の「自己株式の取得」等との関係

　会社の自己株式の取得として，上場株券等の発行者が株主総会決議等の株主との合意により，取引所金融商品市場外で行う自己の上場株券等の買付け等については，公開買付けが強制されている（27条の22の2第1項，会社法156条1項等）。他社による公開買付けとは異なり，買付数量を問わず義務づけられる。

　自社株買いのニーズとしては，役員等へのストック・オプション（自社株購入権）での利用，株主への利益還元等がある。しかし，会社資産の充実の阻害，株主の不平等や会社支配権操作のおそれのほか，インサイダー取引や株価操作等のおそれなどの弊害もあり，公開買付けが強制されている。

　発行者による上場株券等の公開買付けの手続には，前述した公開買付けの手続の多くが準用される（27条の22の2第2項以下等）。未公表の業務等の重要事実があるときは，公表や申込みをした者等に通知をする義務が課され，違反した発行会社・役員には損害の賠償責任も生じうる（27条の22の3・4等）。

　他方，特殊な公開買付けには，現金ではなく，有価証券を買付け等の対価とする「交換買付け（exchange offer）」がある。この場合，「募集または売出し」として有価証券届出書を，公開買付届出書やその訂正届出書と同時に提出しなければ，原則として勧誘その他の行為をしてはならない（27条の4第1項等）。同様に，買付け等の対価が発行登録された有価証券の場合は，発行登録追補書類の提出を同時にしなければならない（同条2項・3項等）。

会社法の関連テーマ：自己株式の取得は会社法上どのように規制されているのか

　会社法は，公正な会社運営を確保するため，会社による自己株式の取得（自社株買い）を規制しており，金商法と関係が深い。第1に，株主総会等の手続により株主の平等を図り，経営支配権の不正な操作を防止する（会社法156条以下）。第2に，自己株式の取得財源は分配可能額の範囲に限定し，資本維持の原則・会社債権者保護に配慮している（会社法461条1項2号等）。第3に，会社の保有状況等の開示を求めている。他方，金商法の市場ルールの観点からは，公開買付

規制のほか，自己株券の買付状況の情報開示が義務づけられている（24条の６）。

第2節　大量保有報告制度（5％ルール）

【設　例】

　電気製品メーカーであるA会社は，ライバルである同業のB会社（上場会社）の支配権の取得を目指して，少しずつ密かにB会社の株式の買占めを行っていた。B会社に買占めが知られると，対抗されるおそれもある。

　A会社による「買占め情報」については，どのような情報開示の規制が問題となるか。A会社が金融機関である場合，どういった特則があるか。

1　規制の意義と概要

(1)　なぜ大量保有者の情報開示が必要か

　上場会社等の株券等の「大量（原則5％超）保有者」には，原則として5営業日以内に「一定の情報（氏名・持株数・目的・資金源等）」を記載した大量保有報告書の提出義務が課せられ，その後も，1％刻みの変更報告書の提出等も義務づけられている（27条の23以下）。大量保有報告制度は一般に，5％ルールといわれる。大量保有報告書等は金融庁のEDINET等で開示される。会社の支配権の取得を重視する公開買付（TOB）規制とは異なり，大量保有報告制度は，①市場の内外は問わず，情報開示のみの規制であり（行為規制はない），②取得時点だけではなく広く実質的保有や保有後の開示も必要になり（議決権ではなく，株式数ベース），③共同保有者の合算が重視されるが（TOBは特別関係者を合算），対象は継続開示会社ではなく，上場会社等に限定されている。

　大量保有報告制度は，「大株主・買占め等」の市場構造・需給状況に関する重要な情報の迅速な開示である。流通市場における，上場株券等のまとまった「かたまり」の発生・増減・移転・消滅の状況とその性格が開示される。流通開示の一部になる。なぜ5％が情報開示の基準になっているのか。公開買付けや内部者取引の規制・国際ルールとのバランスのほか，大株主や支配株主等と

して上場会社等に重要な影響力を有するためである。法人も個人も含む。

　５％ルールは，流通市場における市場構造の透明性の向上のほか，不当な高値肩代わり要求（グリーンメーラーや仕手筋等の買占め屋による）や相場操縦の防止等を目的として，平成２年改正で導入されている。透明性の高い企業買収ルールである，公開買付け（TOB）の規制と連動して機能する。毎年多数の大量保有報告書等が提出されており，実務上重要性が大きい。なお，提出事由がないにもかかわらず，大量保有報告書等を任意に提出することはできない。

　【設例】でも，A会社がB会社の株券等の５％超を保有する場合，原則として保有の状況やその後の取得等の情報について，大量保有報告書の迅速な提出等が求められる。そのような情報開示により，B会社や市場の投資者は，A会社による買占めといった重要なマーケット情報を知ることが可能になる。

図表５−２　大量保有報告制度の全体像
上場会社等◀━━株券等の大量保有者（＋共同保有者） ↑氏名・目的等の情報開示の義務 ５％超が基準・その後の変更報告・特例制度も

⑵　大量保有報告書の提出義務と共同保有者

　上場されている株券関連有価証券（株券，新株予約権証券，新株予約権付社債券その他）等の発行者である法人の対象有価証券（「株券等」という）の保有者で，株券等保有割合が100分の５を超える大量保有者は，「保有割合・取得資金に関する事項，保有の目的その他」を記載した大量保有報告書を，大量保有者となった日から５営業日以内に内閣総理大臣（財務局長等）に提出しなければならない（27条の23第１項・２項等。店頭売買有価証券も含む）。株券等の内容は公開買付規制と同様である。なお，保有株券等の総数に増加がない場合等（会社による自己株式の消却等）は適用除外になる（同条１項ただし書等）。

　大量保有者には，仮設人等の他人名義をもって株券等を保有する者のみならず，①金銭の信託契約等により株主として議決権行使ができる権限や議決権行使を指図できる者で，発行者の事業活動を支配する目的を有する者，②投資一

任契約等に基づき株券等に投資をするのに必要な権限を有する者も含まれる（27条の23第3項等）。実質的保有者を意味し，株券等の契約上の引渡請求権や買主の地位を取得する売買の予約権，コール・オプションを持つ場合も入る。

　株券等保有割合とは，大量保有者の株券等の総数を，会社の発行済株式の総数等で除したものである。具体的には，「保有者の株券等（自己株式等を除く）の合計から信用取引等により引渡義務を有する数を控除し，共同保有者の保有株券等を加算した数（保有株券等の総数。ただし，両者の間で引渡請求権等があるものを除き，潜在株券等を含む）」を，「発行者の発行済株式の総数等に保有者と共同保有者の保有する潜在株券等の数を加算した数」で除して得た割合になる（27条の23第4項等）。潜在株券等とは，新株予約権証券等をいう。

　加算される共同保有者には，2つの基準がある。まず，実質基準では，取得や議決権その他の権利の行使を合意している他の保有者になる（27条の23第5項等。文書等で合意）。次に，形式基準によれば，株式の所有関係（50％超の議決権を有する支配株主等と被支配会社・兄弟会社・親子会社等）・親族関係（夫婦）その他の特別の関係にある場合も共同保有者とみなされ（同条6項，施行令14条の7等。保有割合が0.1％以下の者は除く），「みなし共同保有者」という。共同保有者に当たる場合，各自が開示義務を負うが，連名方式で提出してもよい。なお，投資一任契約等に基づき投資に必要な権限を有する者は，顧客に毎月1回以上株券保有状況通知書を作成し，交付しなければならない（27条の24等）。

(3)　報告書の内容と公衆縦覧

　大量保有報告書の開示内容は，「保有者の住所・氏名，事業内容等」のほか，株券等保有割合，取得資金，最近60日間の取得や処分の状況，保有株券等に関する担保契約・貸借契約等の重要な契約，共同保有者等である（大量保有府令第1号様式等）。保有目的として，純投資・政策投資（業務提携等）・重要提案行為等の記載も必要になる。複数の目的があれば，すべて記載する。

　特に重要なのは，「取得資金（資金の出所）の情報」である（借入先の名称等）。利害関係者の正体を明らかにし，買付資金の余力を探る意味もある。もっとも，金融機関の名称は，大量保有者が株式の取得資金の目的を明らかにして借り入れたのでない場合には，公衆の縦覧に供されず，以下の写しの提出等の際にも，

銀行等の名称は削除して送付される（27条の28第3項等）。また，個人の場合，住所の番地や生年月日の記載は，公衆縦覧の対象にならない。

　大量保有者は前記提出のほか，その写しを遅滞なく発行者，金融商品取引所等に送付しなければならず（承諾を得てEDINETへの掲載で代替可），5年間公衆の縦覧に供せられる（27条の27・28等。変更報告書も同様）。記載が不十分なとき等には，その提出者は訂正報告書を提出しなければならず，提出命令が出される場合もある（27条の25第3項等）。内閣総理大臣は，大量保有報告書の提出者・共同保有者・発行会社等に対し，報告・資料の提出等を命じることもできる（27条の30等）。大量保有報告書等については，EDINETによる提出が義務づけられており，迅速な公衆縦覧が可能である（27条の30の2以下等）。

2　「変更報告」とは何か

(1)　変更報告書の提出

　大量保有報告書提出後の変更情報も重要になる。大量保有報告書を提出すべき者は，大量保有者となった日の後に，①株券等保有割合が1％以上増加や減少した場合（保有総数の増減のない場合を除く），②その他大量保有報告書の重要な事項の変更があった場合（住所変更等），その日から5営業日以内に，「変更報告書」を内閣総理大臣に提出しなければならない（27条の25第1項等）。

　ただし，5％以下になった変更報告書をすでに提出している場合等では，提出は不要である（27条の25第1項ただし書）。記載内容の誤りや重要な事項が不十分である場合等には，訂正報告書の提出も必要になる（同条3項等）。

(2)　短期・大量譲渡の特則

　変更報告書で特に重要になるのは，短期間に大量の株券等を譲渡して保有割合が減少した場合である。その場合，「譲渡の相手方および対価」に関する事項も記載しなければならない（27条の25第2項等）。短期間・大量の基準は，60日間に5％を超えて減少し，かつ株券等保有割合が2分の1未満となるものである（施行令14条の8）。譲渡を受けた株券等が僅少（1％未満）である者については，対価に関する事項のみの記載でよい（27条の25第2項かっこ書等）。

　株式の短期・大量の譲渡は，買占めの終了のサインを意味し，重要な市場情

報になるため，特に情報の開示を求めている。「相手方と対価の情報開示」によって，買占め後の不正な高値肩代わり要求を防止する意義も大きい。

　ただし，市場取引による短期・大量譲渡で相手方を知ることができない場合には，理由を明記して相手方の記載を省略できるなどの例外もある（大量保有府令10条等）。市場内のクロス取引により譲渡する場合は，対価は不要であるが，相手方の記載は求められる。市場取引では，対価の記載は不要になる。

③ 「特例報告」とは何か

(1) 特例報告の意義と機関投資家等

　大量保有報告書等の提出は，日常の営業活動として大量の株券等の取引を行う機関投資家等には，事務上の負担が重いため，報告の頻度等が軽減されている。特例報告といい，通常の大量保有報告書は「一般報告」と呼ぶ。

　そこで，①金融商品取引業者（第1種業者である証券会社等と投資運用業者に限る），銀行その他（信託会社，保険会社等）の届出者が保有する株券等で，「重要提案行為等」を保有の目的としないもの（株券等保有割合が10％を超えた場合や，1％超の金融商品取引業者等でない共同保有者がいる場合等を除く），または②国，地方公共団体その他の届出者が保有する株券等（特例対象株券等という）に係る大量保有報告書やその後の変更報告書は，原則として基準日から5営業日以内に提出すればよい（27条の26第1項・2項，大量保有府令11条以下等）。

　基準日とは，「毎月2回以上」設けられる日の組合せのうちから，保有者が届出をした日である（27条の26第3項等）。1か月に2回（15日と月末等）まとめて大量保有報告書等を提出すればよい。また，その記載内容も保有状況等に簡略化されており（大量保有府令15条等），実務上重要性が大きい。

(2) 特例の要件

　特例を受けるためには，「重要提案行為等」を目的とせず，株券等保有割合が10％を超えないことなどが要件である。そこで，重要提案行為等の意義が重要になる。重要提案行為等とは，株券等の発行者の事業活動に重大な変更を加え，または重大な影響を及ぼす行為である。具体的には，株主総会や役員等に対し，「重要な財産の処分や譲受け，多額の借財，代表取締役の選定・解職，

役員の構成の重要な変更，重要な使用人や組織等の変更，合併や事業譲渡等の組織再編，配当の方針や資本政策の重要な変更，上場やその廃止，解散・破産手続開始の申立て等」を提案する行為，になる（施行令14条の8の2等）。

　目的を変更して，重要提案行為等を行いたい場合はどうすべきか。金融商品取引業者等は，株券等保有割合が5％超となった場合や，大量保有報告書や変更報告書を提出した後に1％以上増加した場合，その日から政令で定める期間内に（最初に到来する基準日から5営業日後まで）重要提案行為等を行うときは，「その5営業日前までに」，大量保有報告書や変更報告書を提出しなければならない（27条の26第4項以下等）。早期の開示を求める趣旨である。

4　規制に違反した場合の制裁

(1)　刑事責任等

　大量保有報告書や変更報告書等の不提出や重要な事項の虚偽記載等については，第1に，刑事罰として，5年以下の懲役か500万円以下の罰金，またはそれらの併科等の対象になる（197条の2第5号・6号）。法人の両罰規定は，5億円以下の罰金である（207条1項2号）。提出忘れには，注意を要する。

　民事責任の規定はないが，不法行為上の責任（民法709条）が問題となりうる。提出義務違反がある場合，大量保有者による株券等の取得や議決権の行使を，対象会社等に差し止める権限を認めることも学説上検討されている。

┌─────────────────────────────
（重要判例）

5％ルール違反と東天紅事件

　初めて5％ルール違反を認定した判例には，東天紅事件（東京地判平14・11・8判時1828号142頁）がある。この事件で，上場会社の東天紅株式会社の株券を大量に保有していた被告人は，数名と共謀のうえ，虚偽の大量保有報告書を提出するなどの行為をした。そのほか，同社の株価の高騰を企て，実際には行う意思や資金等が全くないにもかかわらず，公開買付けを行う旨の記者発表もした。

　裁判所は，こうした被告人の行為について，大量保有報告書の不提出・虚偽記載の罪を認定するとともに，架空の公開買付けの公表により，風説の流布の罪（第6章第3節2を参照）にも該当するとした（27条の23，158条違反等）。
└─────────────────────────────

(2)　行政上の措置

　第2に，行政上の措置である。大量保有報告書・変更報告書等（訂正報告書を含む）の不提出・重要な事項の虚偽記載等の場合，当該報告書に係る株券等について提出期限・提出日の翌日の時価総額の10万分の1が課徴金納付命令の対象になる（172条の7・8等）。平成26年の変更報告書の虚偽記載の事例を含め，令和2年までの課徴金事例は2件になっている。提出の遅延等の軽微で悪質性に乏しい5％ルール違反では，その運用上課徴金が課されていない。

　形式上の不備や虚偽の記載等がある場合，行政当局は，大量保有報告書の提出者等に対し，訂正報告書の提出を命じることができ，また，報告・資料の提出を命じ，検査をする権限も有している（27条の29・30）。平成20年に虚偽の大量保有報告書が複数提出された事件で，金融庁は訂正命令を出している。

◆　検討課題

(1)　企業買収（M&A）等の際には，なぜ公開買付けの規制が必要なのか。公開買付けが強制される範囲等を検討しなさい。3分の1ルールとは何か。

(2)　公開買付け（TOB）における情報開示規制には，どのようなものがあるか。公開買付開始公告・届出書・意見表明報告書等について，検討しなさい。

(3)　MBO（経営者が参加する買収）には，どのような意義や問題があるのか。情報開示の特則や関連判例等を検討しなさい。会社法との関係はどうか。

(4)　敵対的な企業買収と買収防衛策について，検討しなさい。公開買付け（TOB）の行為規制はどうなるか。別途買付けの禁止，条件の変更や撤回の規制とは何か。

(5)　公開買付け（TOB）による自己株式の取得規制の内容はどのようなものか。会社法との関係はどうか。公開買付規制に違反した場合の制裁はどうなるか。

(6)　大量保有報告書制度（5％ルール）の意義と内容を説明しなさい。変更報告や特例報告とは何か。5％ルールに違反した場合の制裁はどうなるか。

第6章

不公正取引の規制

　この章では，資本市場における不公正な取引に対する規制を取り上げる。インサイダー（内部者）取引，相場操縦（株価操作等），その他の不公正取引について，規制の内容を検討する。これらの不正行為は市場メカニズムを濫用するものであり，「市場阻害行為」ともいう。流通市場の規制が中心になる。

　なお，不公正取引の事例においては，公正な情報開示ルールに対する違反行為（情報開示書類の虚偽記載等）が，併せて問題となるケースも多い。

第1節　インサイダー（内部者）取引の規制

【設　例】────────────────────────────

　上場会社であるA会社の役員Bは，A会社が大手有名企業のC会社と「経営統合すること（合併・買収ないしM&A）」を決定したという内部情報を，役員会において知った。株価に重要な影響を与える企業のM&A情報である。

　Bは，A会社の株価が上昇するに違いないと考え，その情報が公表される前にA会社の株式を大量に購入し，情報の公表後に高値で売り抜けて，大きな利益を得た。Bの行為は「インサイダー取引」に当たるか。Bが友人や家族にその情報を教えた場合は，どのような問題を生じるか。

────────────────────────────────────

1 インサイダー取引規制の意義と認定要件

　【設例】のようなインサイダー（内部者）取引は，特別な地位の不当利用行

為であり，市場利用者の平等性を著しく阻害する。インサイダー取引は，上場会社等に発生した重要な情報が公表される前に，社内の秘密情報を知った会社関係者・情報受領者が自社の株式等の取引を行い，利益を得るか，損失を回避する不正行為であり，刑事罰等の制裁の対象になる（166条，167条等）。

インサイダー取引（insider trading）の禁止は，証券市場の健全性と公正性を維持し，投資者の市場に対する信頼を確保するために不可欠である。国際的にも各国が禁止規定を設け，市場監視機関が厳しく摘発を行っている。

機密情報を利用したインサイダー取引は，取引客体に対する真摯な投資判断とはいえない，不当な投資判断により市場における公正な価格形成を阻害する。優越的地位の濫用に当たる。平等な情報開示（ディスクロージャー）が生命線であり，公正な競争条件の整備を要請する証券市場の本質からも，重要な未公表情報の利用禁止が導かれる。特別の立場による情報格差の利用防止が重要になる。情報開示の平等性との関係では，「開示せよ，さもなくば取引を断念せよ」という開示・取引断念ルール（disclose or abstain rule）も強調される。

インサイダー取引規制の必要性・重要性の認識は，徐々に広がってきた。そこで，昭和63年改正による禁止規定の導入以降，罰則の強化・規制範囲の拡大，課徴金の導入といった種々の改正と数多くの事例が積み重ねられている。規制対象者は，①会社関係者（役職員等），②公開買付者等関係者，③それらの情報受領者（知人や取引先等）に大別されるが，③の情報受領者の摘発が増える傾向にある。特に企業の買収や業績の修正情報には注意を要する。

＜ポイント：アメリカにおけるインサイダー取引の規制の論理＞

アメリカにおいてインサイダー取引は証券詐欺として規制の論理を巡って議論があり，わが国への影響も大きい。第1は，情報の平等理論である。未公開情報を持たない一般投資者を犠牲にする，広い範囲の内部者を規制対象とする。

第2は，信認義務理論である。会社・株主と信認関係にあるものを規制対象とする伝統的な見解になる。規制範囲は限定される。第3は，不正流用理論である。不正流用等の義務違反となる場合，会社への義務を問わず，情報の利用を禁止する。例えば，会社の決算情報を印刷する会社の職員は，信認義務理論では対象外であるが，不正流用理論では規制対象になる。EU等でも様々な議論がある。

2 インサイダー取引の認定要件

(1) 認定要件の概要

　インサイダー取引の禁止とは，会社関係者・情報受領者であって，上場会社等に係る業務等に関する重要事実を職務・権利の行使等に関し知ったものは，重要事実の公表がされた後でなければ，その上場会社等の特定有価証券等に係る売買等をしてはならないとするものである（166条）。「特定有価証券等」とは，上場会社等の株券・新株予約権証券・社債券・投資証券等の有価証券であり，店頭売買有価証券や取扱有価証券も含まれる（163条1項等。以下，同じ）。

図表6−1	インサイダー取引の主な認定要件

```
┌─①会社関係者等→上場会社の役員や使用人・情報受領者等
├─②重　要　事　実→決定事実，発生事実，決算情報，包括条項等
└─③公　表　の　前→証券取引所のホームページ上の情報公開等の前
```

　インサイダー取引規制の主な要件としては，①会社関係者・情報受領者等の範囲，②重要事実の類型，③公表の基準，の3つの点が特に重要になる。そのため，以下においてそれらの内容を検討していく。【設例】のケースについても，そうした要件に当てはめて考える必要がある。

(2) 会社関係者と情報受領者～インサイダー取引の規制対象者～

　インサイダー取引の規制対象となる者は，未公表の重要な情報にアクセスできる会社関係者と情報受領者である（166条1項1号～5号・3項）。情報伝達等も禁止される（167条の2）。それらは理論上，主に3つのタイプに分かれる。

　第1は，会社関係者のうち，「内部者」ともいわれ，①上場会社等の役員等（取締役，監査役，代理人，使用人その他の従業者等。パートや派遣社員も含む）が職務に関して知ったとき，②会計帳簿の閲覧権を有する株主や投資主（会社法433条等）が権利の行使に関し知ったとき，である（166条1項1号～2号の2）。経営に関与する大株主も，「その他の従業者」に含まれうる（最決平27・4・8

| 図表6-2 | 会社関係者（①と②）と情報受領者 |

- ①内　部　者→役員・使用人（役職員）・その他の従業者，大株主等
- ②準 内 部 者→調査権等を持つ会計士，契約締結者・交渉者，銀行等
- ③情報受領者（第一次）→友人，同僚，取引先，親族，知人等

刑集69巻3号523頁）。上場会社等にはその親会社と子会社（経営支配が認定基準）が包含され，上場投資法人等にはその資産運用会社等も含む（166条5項等）。

　第2は，会社関係者のうち，いわゆる「準内部者」である。①上場会社等に対する法令に基づく権限を有する者（調査・検査権を持つ公務員，子会社調査権を持つ親会社の監査役・会計監査人等）がその権限の行使に関し知ったときや，②契約の締結者や交渉中の者（業務提携者，業務受託者，銀行，証券会社等）が契約の締結・交渉・履行に関し知ったとき，になる（166条1項3号・4号）。

　そのように重要事実を知った会社関係者については，その地位を去ってから1年以内のものも含まれる（元会社関係者という。166条1項柱書後段）。前述の株主・契約締結者等が法人の場合，その役員等が職務に関し知ったときも対象になり，法人以外の者の場合，代理人や使用人も含む（同項5号）。

　なお，契約締結者等である法人内の情報伝達の認定について（166条1項5号），その者に伝播したと評価できる状況で主要な事実を認識したことを要件とする判例もある（東京高判平29・6・29判時2369号41頁等）。伝播を重視する。

(重要判例)

契約交渉とインサイダー取引

　契約の交渉中における重要な未公表情報の取得が問題となった最高裁判例がある。そこでは，A会社が，株券を日本証券業協会に登録しているB会社との間で，ICカードの独占販売権の許諾等を内容とする基本合意を締結した。

　その後，独占販売権に関してB会社側との交渉を行う過程で，B会社の合併という重要事実をA会社の役員が知って，B会社の株式を買い付けた。この場合も，166条1項4号にいう「当該契約の履行に関し知ったとき」に当たり，インサイダー取引の成立が認められる（最決平15・12・3判時1845号147頁）。

　第3に，会社関係者（内部者・準内部者）から重要事実の伝達を受けた「情報受領者」である（166条3項前段）。脱法防止や関係性の深さから規制対象に含まれる。具体的には，友人，同僚，取引先，親族，知人等がよく問題となる。上場会社の契約先等から情報伝達を受けた，第一次情報受領者の摘発例も多い。放送局の職員の事例もある。また，職務上当該重要事実の伝達を受けた者が所属する法人の他の役員等も，その者の職務に関し当該業務等に関する重要事実を知った場合は禁止の対象に包含される（同項後段。同一法人内のケース）。

　さらに，インサイダー等による「情報伝達や取引推奨」も規制する必要がある。そこで，会社関係者と公開買付者等関係者は，他人に対し，その他人の利益の獲得や損失発生の回避の目的をもって（目的要件），未公表の重要事実等を伝達することや，取引を勧めることが禁止されている（167条の2）。

　主観的な目的要件が重視される。違反者は，情報伝達・取引推奨を受けた者が重要事実の公表前に特定有価証券等の売買等をした場合（取引要件），刑事罰や課徴金の対象となる（175条の2等）。上場会社の社長が自社に対する株式の公開買付け（TOB）の実施情報を知り，知人に情報の公表前に数回にわたり自社の株式を買うように勧め，知人が株取引で多額の利益を得た事例で，取引推奨規制違反による有罪判決が出され，注目を集めたケースもある（東京地判令3・4・27裁判所ウェブサイト令和2年特（わ）第3262号）。

◁ ポイント：情報受領者（tippee）の範囲 ▷

　情報受領者の範囲については，議論が多い。情報受領者は，基本的には内部者・準内部者から直接伝達を受けた「第一次情報受領者」に限定され，間接的な伝達や第二次以下の受領者は，規制から除外されると一般に解されている。

　しかし，アメリカ等では組織的かつ大規模なインサイダー取引も見られ，わが国でも第二次以下の情報受領者の取引や，166条等の要件からもれる悪質な取引は，包括的不公正取引の禁止規定や偽計（157条，158条）に当たる可能性がある。使者や仲介者等は実質的に認定され，教唆・幇助犯や共同正犯も成立しうる。

(3) **重要事実～インサイダー情報～**

【設　例】

　開業医のAは，上場会社のB製薬会社が販売している新薬に重大な副作用が発覚したという「重要な秘密情報」を聞いた。Aは，同社の株価は値下がりすると考え，その公表前にB会社の株式について，信用取引で空売りをした。

　そして，Aは，その情報が公表されて値下がりをした後に，B会社の株式を買い戻し，多額の利益を得た。Aの行為はインサイダー取引に当たるか。

　インサイダー情報は，「重要事実」といわれ，主に5つのタイプに分類されている（166条2項1号～14号を参照）。①決定事実，②発生事実，③決算情報，④包括条項（バスケット条項），⑤子会社や投資法人の情報等，である。

　これらのタイプ分けは，企業情報の代表的な区分として各方面で活用されている。重要な市場感応情報・マーケット情報である。【設例】の情報についても，どの区分に該当するか分析が必要になる。ガイドライン的な意義を持つ。

図表6-3	重要事実～インサイダー情報～

- ①決定事実→株式の発行，合併，配当，解散，業務提携等
- ②発生事実→災害・業務過程上の損害，主要株主の異動等
- ③決算情報→売上高，利益，配当等の一定程度以上の変動
- ④包括条項→投資者の投資判断に著しい影響を及ぼすもの
- ⑤子会社情報等→①～④に準じた子会社や投資信託関連の情報等

　①の「決定事実」は，上場会社等の「業務執行を決定する機関」が，次の重要な事項を行うことについての決定をしたことや，公表された決定を行わないことを決定したことである（166条2項1号。実施や中止）。(イ)株式・新株予約権の発行等（引受人の募集），(ロ)資本金の減少，(ハ)資本準備金等の減少，(ニ)自己株式の取得，(ホ)株式無償割当て等，(ヘ)株式の分割，(ト)剰余金の配当，(チ)株式交換，(リ)株式移転，(ヌ)株式交付，(ル)合併，(ヲ)会社の分割，(ワ)事業の譲渡・譲受け，(カ)解散，(ヨ)新製品・新技術の企業化，(タ)業務上の提携その他，になる。政令によ

り，業務提携の解消，子会社の異動を伴う株式譲渡・取得，固定資産の譲渡・取得，事業の休止，上場廃止，破産手続の開始等も含まれる（施行令28条）。なお，「軽微基準」により，１億円未満の新株の発行，純資産30％・売上高10％未満の増加額の合併等は重要事実から除外される（取引規制府令49条）。

　「業務執行決定機関」については，株主総会等の法定の決議機関に限られず，役員会や決定権を持つ社長の決定等も含み，広く実質的に解されている。そこで，早い段階で，利用が禁止される決定事実と認定されうる点に注意を要する。課徴金の事例では，正式な取締役会の決議よりも早い時期における，社長の指示・常務会・経営会議等による決定段階のケースが多い。合併等の決定では，その実施に向けての調査や準備・作業，交渉等の決定等も該当しうる。

(重要判例)

第三者割当増資と決定事実の認定（日本織物加工株事件）

　決定事実については，企業買収（M＆A）に絡む弁護士の事件が，２件目のインサイダー取引の最高裁判決として著名である（最判平11・6・10刑集53巻5号415頁）。同事件では，上場会社の日本織物加工の買収について，買収先の会社の監査役兼代理人であった弁護士が，買収交渉に際し，日本織物加工の代表取締役社長が第三者割当ての新株発行を行うことを決定したという重要事実を知り，その公表前に，日織株を大量に買い付け，執行猶予付の有罪となった。

　最高裁は，第1に，旧証取法166条2項1号にいう「業務執行を決定する機関」は，実質的に会社の意思決定と同視されるような機関であれば足りるとし，本件において社長の決定は，「決定」に該当するとした。第2に，株式発行の「決定」をしたというためには，株式発行が確実に実行されるという予測が成り立つことを要しないとして，正式な決定前でも実質的に決定があったと認定している。なお，「業務上の提携」の決定時期について，一般投資家の投資判断に影響を及ぼす程度に具体的内容を持つものでなければならないとして，課徴金の納付命令を取り消した判例も現れている（東京地判令3・1・26資料版商事445号115頁）。

---

　②の「発生事実」は，上場会社等に次の重要な事実が発生したことである（166条2項2号）。(イ)災害に起因する損害または業務遂行の過程で生じた損害，(ロ)主要株主の異動，(ハ)上場の廃止等の原因となる事実，(ニ)その他，である。

　その他には政令により，訴訟の提起・判決，事業の差止め・免許の取消しの処分等，親会社の異動・破産，債権者の破産，手形・小切手の不渡り，債務者・主要取引先・債権者等との関係情報，資源の発見等がある（施行令28条の2）。なお，「軽微基準」により，災害等の損害額が純資産額の3％未満等である場合は，重要事実から除外されている（取引規制府令50条）。②は①とは違い，会社の意思決定ではない要因から発生する情報である点に特色がある。

　③の「決算情報」は，売上高等の予想値の重要な変動である。上場会社等の売上高・経常利益・純利益（売上高等）や剰余金の配当，その会社の属する企業集団の売上高等について，公表がされた直近の予想値（ない場合，前年度の実績値）に比較して，新しい予想値や決算において重要な差異が生じたことになる（166条2項3号）。増減額が，売上高は10％以上，経常利益と純利益は30％以上，剰余金の配当は20％以上の場合等である（取引規制府令51条）。

　④の「包括条項（バスケット・クローズ）」は，①から③の情報を除き，上場会社等の運営，業務または財産に関する重要な事実であって，「投資者の投資判断に著しい影響を及ぼすもの」である（166条2項4号）。実質基準になる。

　④のバスケット条項としては判例上，新薬の副作用症例の発生（下記の重要判例参照），多額の架空売上の発覚（マクロス株事件，東京地判平4・9・25判時1438号151頁）等の情報が認定されている。課徴金の事例では，製品の品質不正や会計上の不正等といった企業不祥事的なケース等で，4号が積極的に用いられている。株価への「著しい影響（重大性）」の有無がポイントになる。課徴金の適用上，情報のタイプに応じた運用がフレキシブルに行われている。

　⑤の子会社情報等は，まず上場会社等の子会社に関する上記①から④の情報と同様のものである（166条2項5号〜8号，取引規制府令52条以下等）。平成29年には企業不祥事に関し，非上場の子会社の社員が上場親会社の株式を公表前に売り付けた課徴金の事案で，初めて子会社のバスケット条項が活用された。

　次に，上場投資法人等の重要事実としては，決定事実・発生事実・決算情報が定められている（166条2項9号〜11号）。上場投資法人等の資産運用会社の決定事実と発生事実も規制対象に含まれ（12号・13号），包括条項もある（14号）。なお，上場投資法人等とは，投信法上の投資法人である上場会社等をいう（163条1項）。

（重要判例）

新薬の副作用情報と包括条項（日本商事株事件）

　インサイダー取引規制に関する初めての最高裁判例として，日本商事株事件がある（最判平11・2・16刑集53巻2号1頁）。【設例】もこの事例を参考にしている。医薬品の製造・販売を営む上場会社の日本商事が発売した新薬について，複数の死亡例を含む副作用が発生し，その情報が公表される前に，多数の社員と取引先等が同社の株取引を行ったものである（24名が略式命令で有罪）。

　そのうち，皮膚科医院の院長が副作用情報の公表の前に，日本商事の製品を納入している薬品会社の社員から情報の伝達を受け（準内部者からの第一次情報受領者），日本商事株1万株を空売りし，公表後に株価が下落してから安値で買い戻して，多額の売買差益を得ていた。訴訟では，主に新薬の副作用情報がどの重要事実の類型に当たるかという点が争われ，結論としては有罪になっている。

　最高裁は，本件情報には，166条2項2号の発生事実の損害として評価できる部分と，そうでない部分が含まれると捉え，後者は，直ちに4号事由として審理判断が可能であるとした。そして，4号の重要性の判断については，諸事実の総合的判断によると述べて，包括条項の柔軟かつ実質的な適用を重視している。

⑷　公表の時期はいつか

　インサイダー取引は，情報公表前の関係者による取引を禁止するものであり，公表後は，取引をすることができる。そこで，公表の基準が重要になる。

　公表とは，①上場会社等の代表取締役等により「多数の者の知り得る状態に置く措置（公表措置）」がとられたこと，または②重要事実の記載された有価証券報告書等が公衆の縦覧に供されたこと，である（166条4項，施行令30条）。

　①の「公表措置」とは，第1に，重要事実が2つ以上の報道機関（新聞社，放送事業者等）に公開されて12時間経過したことであり（12時間ルール），第2に，重要事実が上場している金融商品取引所の所定のホームページ上で公衆縦覧されたことである（東京証券取引所のTDnet等）。取引所は上場会社からの開示情報の提出・登録や事前説明等を経て，ウェブサイト等で，そうした情報を一般に公開している。なお，スクープ報道等といった情報源を公にしないことを前提とした報道機関に対する重要事実の伝達は，施行令30条の「公開」には当たらない（最決平28・11・28刑集70巻7号609頁を参照）。

③　公開買付け等に関するインサイダー取引の規制

　上場会社自体ではなく，外部から大量の株式取得の計画等をしている者やその関係者によるインサイダー取引も重要な問題である。公開買付け（TOB）の実施等は，対象の会社の株価に大きな影響を与える。そこで，「公開買付者等関係者（公開買付者等の役員等や契約締結者等のほか，対象会社（被買付企業）やその役員等も含む）」・情報受領者であって，上場等株券等について公開買付けやこれに準ずる行為（5％以上の買集め等）をする者の公開買付け等の実施またはその中止に関する事実を職務等で知ったものは，その事実の公表がされた後でなければ，公開買付け等の対象となる株券等について，実施の場合は買付け等，中止の場合は売付け等をしてはならない（167条1項・3項，施行令31条）。公開買付者等関係者でなくなった後，6か月以内のものも含まれる。

　この事実は，公開買付者等（法人では業務執行決定機関）による公開買付け等の実施または中止（公表されたものに限る）の決定であり，軽微なものは除外される（167条2項等）。公表とは公開買付者等による公表措置のほか，公開買付開始公告や公開買付届出書，撤回届出書の公衆縦覧等である（同条4項等）。

　株式の大量取得に関する情報は内部情報とは異なり，対象会社の外部の買付者等から発生するものである。公開買付等事実の情報伝達・取引推奨行為も禁止される（167条の2第2項）。なお，公開買付者等自体は規制対象にならない。

　株式の大量取得情報に関するインサイダー取引の規制は，M&Aの件数の増加により重要性が大きくなっている。公開買付け（TOB）の実施を知った者等によるインサイダー取引の摘発例が目立つため，公開買付け（他社株や自社株）と5％以上の株式の買集め情報には，注意が必要である（重要判例を参照）。

(重要判例)

企業買収の情報と投資ファンド

　この事件では，平成16年に投資ファンドの経営者である被告人が，ライブドアの代表取締役にニッポン放送株の大量取得を働きかけた。これを受けて，ライブドアは調査を開始し，被告人に大量取得を決定した旨の重要事実の伝達をした。そこで，被告人等はこの情報の公表前にニッポン放送株を取得し，その後高値で

売り抜けて利益を得ていたとして，金商法167条3項違反で起訴された。
　　控訴審は，167条2項の「決定」に該当するためには，それ相応の実現可能性が必要であると判示して，被告人等を執行猶予付きの有罪，追徴金11億円余りなどとした。これに対し，最高裁は，決定がされれば足り，公開買付け等の実現可能性が具体的に認められることは要しないとしている（最判平23・6・6刑集65巻4号385頁。有罪の結論は維持。上告棄却）。著名な株式の買占め事件に関し，167条2項の決定時期や重要事実の伝達の有無等について，重要な解釈を示したものである。

4 禁止される行為の内容と適用除外行為

　　インサイダー取引として禁止される行為は，上場会社等の特定有価証券（株券，社債券等の上場有価証券等）と関連有価証券（特定有価証券のオプション等）（併せて，特定有価証券等という）に係る「売買その他の有償の譲渡や譲受け」，合併や分割による承継，またはデリバティブ取引（売買等），である。

　　他人に売買等を委託・指示する場合も含まれ，知人や配偶者の名義で行うことも禁止される。市場外での相対取引も含まれる（西武鉄道事件を参照）。実際にインサイダー情報を利用したことや，利得の有無は問われない。

　　他方，その趣旨から，インサイダー取引の対象として禁止されないものとして，以下のような「適用除外行為」がある（166条6項1号以下等）。①株主割当てを受ける権利の行使による株券等の取得，②新株予約権等の行使による取得，③特定有価証券等に係るオプションの行使による売買等，④会社法上の株式買取請求権等の行使，⑤対象会社の要請による公開買付け（TOB）等に対抗するための防戦買い（対抗買い），⑥自己株式取得に係る授権決議等の公表後の自己株式等の買付け，⑦適法な安定操作取引，⑧社債券（新株予約権付社債券や倒産等を除く）・投資法人債券その他の売買等，⑨金融商品市場外等で行う取引で売買当事者の双方が重要事実を「知っている」場合（クロクロ取引という），⑩小規模な合併・分割・事業譲渡等による株券等の承継・合併等や株式交換での保有株券等の交付等，⑪重要事実を「知る前に」締結された契約や決定された計画に基づく売買等（個別の投資判断に基づかない従業員・役員持株会等による買付け等。一定の要件を満たす「知る前契約・知る前計画」），等である。

これらの除外行為は，不当な情報格差を利用したものでなく，実質的に見て不正とすべき弊害がない。また，会社法上の制度の円滑化や買収防衛時の株式取得や組織再編等への配慮から除外されるものもある。なお，大量の株式取得情報によるインサイダー取引の場合にも，これらに準じた適用除外行為のほか，公開買付開始公告や届出書で開示されるか，伝達日から6か月が経過した伝達を受けた者による買付け等が列挙されている（167条5項等）。

5 インサイダー取引の種々の責任

(1) 刑事責任と課徴金等

まず，インサイダー取引の刑事責任は，5年以下の懲役か500万円以下の罰金，またはそれらの併科である（197条の2第13号）。法人は5億円以下の罰金の対象になる（207条1項2号。両罰規定）。得た財産は没収するか，その価額を追徴する（198条の2）。罪の重さや非難可能性は，地位や利得した金額等に応じて総合的に判断される。情報の格差（優越的地位）を利用して市場の公正な価格形成を阻害することによる反公益性（市場阻害性）が違法性の根拠になる。

次に，行政上の課徴金の納付命令も多い。課徴金は，刑事罰と比べて柔軟に使えるため，比較的軽微なインサイダー取引の摘発に活用されている。市場情報に対する投資者のアクセス平等性の確保が証券行政の目標になる。

その納付額は，取得時の株価と公表後2週間の最高値との差額等をもとに算定され，利得のはく奪を可能にしている（175条以下等）。取引推奨規制の違反行為者の課徴金は，被推奨者の利益相当額の半分になる（175条の2等）。令和2年度の証券取引等監視委員会の課徴金勧告は，8件に上っている（刑事告発は1件）。なお，内閣総理大臣は必要かつ適当なときは，「法令違反行為（インサイダー取引等）」を行った者の氏名等を公表することもできる（192条の2等）。

(2) 民事責任等

インサイダー取引の民事責任としては，民法上の不法行為責任（709条）による損害賠償も問題となりうる。しかし，今のところ責任が認められたケースはなく，立法上の手当ての必要性がよく指摘される。

判例でも，損害と問題の株式の売却との間には相当因果関係がないとして，

インサイダー取引による損害賠償請求は棄却されている（東京地判平3・10・29金法1321号23頁）。なお，インサイダー取引の悪質性に対する社会的な認識の高まりから，企業名等の報道や関係者の降格・解雇処分・辞任・退社等といった法的な制裁以外の実質的な制裁の側面も大きい。

(3) 役員等の短期売買差益（利益）の返還義務等

　インサイダー取引を未然に防止するため，種々のルールが活用されている。それらは，前述の規制と一体として把握される必要がある。

　第1に，上場会社等の役員および主要株主（10％以上の議決権を実質的に保有）による自社株の売買については，原則として「売買等の報告書（短期売買報告書）」を売買等の日の翌月15日までに，内閣総理大臣に提出する義務が課されている（163条1項等）。報告書の提出は，金融商品取引業者等に委託等をして行った場合や相手方の場合，その業者を経由して提出される（同条2項等）。

　第2に，上場会社等の役員または主要株主が，その職務や地位により取得した秘密を不当に利用することを防止するため，自社の特定有価証券等（株券等）について自己の計算において6か月以内の短期売買をして利益を得た場合には，その利益を会社に返還すべき義務が課されている（164条1項以下等）。

　売買等の報告書で役員等が利益を得ている場合，内閣総理大臣は，「利益関係書類の写し」を役員等に送付し，異議を述べる機会や利益提供の機会を与えたうえで，上場会社等に送付する。上場会社等は利益の提供を請求できるが，請求等がなされないと公衆の縦覧に供され，その会社の他の株主が会社を代位して請求することもできる（164条2項以下等。2年間で時効消滅）。

　返還対象となる「差益の算定」については，6か月以内の売買について原則として，売付単価から買付単価を引き，それに売付数量と買付数量のうち少ない方を乗じ，手数料を差し引いた額になる（取引規制府令34条）。差益ではなく，差損が出た場合でも考慮されない。また，会社の損害等も問われていない。

　主要株主が組合等である場合，買付等を執行した組合員に報告書の提出義務があり，短期売買差益については組合財産による利益の返還が義務になる（165条の2）。その他，インサイダー取引の防止に関し，上場会社等の役員や主要株主には，株価下落予想による一定の自社の株券等の空売り（売付けその他の

取引等）が禁止されている（165条）。

（重要判例）

短期売買差益の返還義務とその合憲性

　短期売買差益の返還義務については，この規定を合憲とした技研興業事件がよく知られている（最判平14・2・13民集56巻2号3313頁）。東証の上場会社が，その主要株主に対して，数回にわたる自社株式の短期売買で得た利益の提供を求めたところ，主要株主が拒否し，旧・証券取引法164条1項に基づく利益の返還義務は，財産権の不可侵を定める憲法に違反すると主張したものである。

　最高裁判決は，「証券取引市場の公平性，公正性を維持するとともにこれに対する一般投資家の信頼を確保するという目的による規制を定めるものである」として，憲法29条に違反するものではないと述べて，主要株主の請求を退けている。なお，学説上は，取締役の忠実義務等の観点を重視する見解も有力である。

⑷　種々の防止・摘発体制

　インサイダー取引の未然防止システムとしては，上場会社の役員の情報をデータベース上に登録する日本証券業協会の情報管理体制が構築されている。証券会社は顧客情報と照合できる。J-IRISS（Japan-Insider Registration & Identification Support System，ジェイ・アイリス）と呼ぶ。

　ここ数年，インサイダー取引については，証券取引等監視委員会等の監視当局が積極的な審査・摘発を行っている。証券取引所の売買審査部や証券会社の窓口等の対応も強化されており，重要な市場情報が公表される前の不自然な株式等の売買注文は，発見される可能性が高い。自己名義の口座ではなく，他人名義の口座を借名口座として利用したインサイダー取引の摘発も見られる。

第2節　相場操縦の規制

1　相場操縦とは何か

【設　例】────────────────────────

　Aは，知人ら数名と共謀して，上場会社Bの「株価のつり上げ工作」を行い，多数の投資者を売買に誘引して株価を高騰させた。そのうえで，自分たちだけ高値で売り抜け，巨額の利益を得た。

　その結果として，B会社の株価は暴落し，投資者らは損失を被った。このようなAらの行為は，相場操縦に当たるであろうか。

────────────────────────

　【設例】では，相場操縦として不正な株価操作（stock manipulation）等が問題となる。相場操縦とは，自然な需要と供給によって公正に形成されるべき市場価格に対し，人為的な操作を加え，自己に有利な価格を作り出すものである。株価操作ともいわれ，積極的市場阻害行為になる。

　相場操縦は市場参加者を惑わせて，不当な利益を得ようとする。その典型例は，ターゲットとする会社の株価を高くつり上げて，他の投資者に取引が繁盛と誤解させ，多数の売買を誘引したうえで高値で売り抜け，巨額の利益を得る。市場メカニズム自体を歪曲・破壊しようとする，きわめて悪質な行為として理論上位置づけられる。国民経済全体に悪影響を及ぼす。相場操縦をした者が高値で売り抜けると，通常その株価は大きく下落し，誘引された投資者らが損失を被ることになる。高くつり上げる行為には，いくつかのパターンがある。

　市場価格を巡る不正な相場操縦は，何人に対しても厳しく禁止される必要がある。そのため，詐欺的行為として古くから市場規制の中心的な違法行為であり，最も厳しい刑事罰等の対象になる（159条，160条）。近年では，個人投資家の規制違反の事案が増えるとともに，相場操縦の手法の複雑化や巧妙化が監視当局により指摘されている。株価以外にも，TOPIX先物取引や長期国債先物取引のようなデリバティブ取引の相場操縦のケースもある。広義の相場操縦規制には，種々の情報開示ルールも含まれうる。

2　相場操縦規制の対象や類型

　相場操縦の主なタイプには，①仮装取引，②馴合取引，③現実取引（変動操作等），④表示による相場操縦等がある。「取引」には，売買等が含まれる。実際の相場操縦は，それらのいくつかの手法を組み合わせて行われることが多い。最も中心となるのは，③の現実取引のうち，変動操作によるものである。

　相場操縦の規制対象は，上場有価証券等である。具体的には，金融商品取引所が上場する有価証券・店頭売買有価証券・取扱有価証券のほか，市場デリバティブ取引または店頭デリバティブ取引（上場されている金融商品，店頭売買有価証券，取扱有価証券，金融指標に係るもの）になる（159条1項）。

　以下では，これらの4つの類型について，具体的な内容を説明していく。

図表6－4	相場操縦規制の4つのタイプ

- ①仮装取引→権利の移転等を目的としない仮装の売買等
- ②馴合取引→複数の者が通謀のうえで行う売買等
- ③現実取引→誘引目的による変動取引。変動操作等
- ④表示による相場操縦→相場変動の流布や虚偽等表示

(1)　仮装取引とは何か

　仮装取引とは，同一人が同一銘柄について同時期に売り注文と買い注文を出すように，権利の移転等を目的としない「仮装の有価証券の売買等」である（159条1項1号～3号・9号。それらの行為の委託等や受託等を含む）。デリバティブ取引では，金銭の授受やオプションの付与・取得を目的としない仮装の取引になる。仮装取引は，取引が繁盛に行われていると他人に誤解させる目的その他のこれらの取引の状況に関し，他人に誤解を生じさせる目的（繁盛誤解目的）をもって行うことが禁止される。

　不正が発覚しないように，他人名義の口座や多数の証券会社を使って株式の売買注文を出すなど，複数の口座に取引を分散していることが多い。しかし，仮装取引は取引の偽装によるかなり不自然な取引であるため，証券取引等監視

委員会等の市場監視機関等の本格的な調査・捜索が行われれば，不正の立証は容易である。仮装の有価証券オプション取引による市場の出来高情報の相場操縦を認定した判例も注目を集めた（最決平19・7・12刑集61巻5号456頁）。

(2)　馴合取引

　馴合取引とは，複数の者が「通謀のうえで」，金融商品の売買等を偽装するものである（159条1項4号～9号）。自己の売付けや買付けと同時期に，それと同価格において，他人がその金融商品の買付けや売付けをすることを，あらかじめ通謀して取引を成立させることにより，株価のつり上げ等を図る。デリバティブ取引では，同一の約定数値・対価・条件の通謀等も含まれる。

　仮装取引と同様に，他人に誤解を生じさせる目的（繁盛誤解目的）が必要であるが，馴合取引では，複数の者の通謀が要件になる。そこで，自己の売付けと同時期に，かつ同価格で買付けをするとの「合意の存在」が必要である。

　ただし，通謀した当事者間に取引が成立するとの，蓋然性や確実性の立証までは求められていない。また，判例によれば，ここでいう「同時期および同価格」とは，いずれも，双方の注文が市場で対当して成約する可能性のある範囲のものであれば足りる（東京地判昭56・12・7判時1048号164頁）。

> ┌─(重要判例)───────────────────────────┐
>
> **相場操縦に関する初の最高裁の事例（協同飼料事件）**
>
> 　相場操縦については，協同飼料事件が初めての最高裁判所の事例として著名である（最決平6・7・20刑集48巻5号201頁）。昭和47年に，上場会社である協同飼料が，約30億円の時価発行公募増資を含む資金調達を計画した。
>
> 　そのなかで，代表取締役副社長と取締役経理部長が大手の証券会社3社の支店幹部と共謀のうえ，同社の株価のつり上げを図り，市場で自社株を大量に買い付けた行為が，相場操縦のうち変動操作等に当たると認定された。なお，同事件では，安定操作の規制違反のほか，自己株式の不正取得の罪も問題になった。
>
> └───────────────────────────────────┘

(3)　現実取引（変動操作等）とは何か

　相場操縦の中心は，この現実取引である。現実取引とは，取引を誘引する目的をもって，相場を変動させるべき一連の有価証券売買等をすることである

（159条2項1号）。変動操作と繁盛させる操作があるが，前者が中心になる。

　通常の大量の株式の取引は，適法である。しかし，その取引が違法な相場操縦と認定される場合もある。現実取引（変動操作）の認定要件は，①誘引目的という主観的要件と，②変動取引という客観的要件の2つである。

　①の誘引目的は，「取引の動機，売買取引の態様，売買取引に附随した前後の事情やその取引が経済的合理性を持った取引であるか否か」という点から推測して判断される（藤田観光事件・東京地判平5・5・19判タ817号221頁）。また，②の変動取引は，「市場の上げに追随する買付け等を反復継続する行為，市場関与率の状況，特に市場への影響が大きい終値付近の関与状況（終値関与という），1日の同一銘柄の売買の反復状況等」から，総合的に判断される。

　この点，証券取引等監視委員会による課徴金勧告の事例においても，現実取引による相場操縦（変動操作）の摘発が目立っている。そこでは，「①買い上がり買付け・売り崩しや②対当売買・③見せ玉・④終値関与・⑤下値支え」等といった手法により，特定の上場株券の株価の高値形成等を図り，投資者の売買を誘引する目的で，相場を変動させるべき一連の売買を行ったことが問題となる。相場操縦規制違反の認定に当たっては，頻繁な売買や市場全体の売買高に占める買付関与率等のファクターが重視される。

　前述した協同飼料事件の最高裁は，①の誘引目的（価格形成を歪曲する意思）について，「人為的な操作を加えて相場を変動させるにもかかわらず，投資者にその相場が自然の需給関係により形成されるものであると誤認させて有価証券市場における有価証券の売買取引に誘い込む目的」とした。そして，誘引目的の要件が違法行為と適法行為を区別する基準であり，変動取引の要件は，「相場を変動させる可能性のある売買取引等」との解釈を示している。

　また，売買が盛んなように約定の意図のない架空の注文を多数出し，約定が成立する前に取消す「見せ玉（ぎょく）」といわれる相場操縦も，159条2項1号の不正な相場変動のための「申込み」に当たる。見せ玉については，多くの課徴金事案が見られるため，かなり注意を要する。デイトレーダーによる著名な株価操作の事件もある（東京地判平22・4・28判タ1365号251頁）。

> ┃ 争 点 ┃
>
> **誘引目的と変動取引のバランス**
>
> 　現実取引による相場操縦を認定する際，①誘引目的と②変動取引のいずれを重視すべきかについては，議論が分かれている。まず，②の客観的要件を重視する，協同飼料事件の第2審判決がある（東京高判昭63・7・26判時1305号52頁）。
>
> 　それに対し，①を重視する判例もある（前掲・東京地判平5・5・19）。後者の①を重視するのが多数説であるが，①と②の要件は密接に関連するものであり，いずれを重視すべきかは，問題となる具体的な状況によって柔軟に考慮すべきものともいえる。なお，近時の実務においては，まず経済的合理性のない不自然な変動取引を特定したうえで，誘引目的等を認定することが多い。

⑷　表示による相場操縦

　表示による相場操縦の禁止には，2つの類型がある。取引を誘引する目的をもって，第1に，上場金融商品等の相場が自己または他人の操作によって変動するべき旨を流布することであり（159条2項2号），第2に，有価証券の売買等を行うにつき，重要な事項について虚偽であるか，誤解を生じさせるべき表示を故意にすることである（同項3号）。第2のものを虚偽等表示という。

③　相場操縦の実際の裁判例等

　相場操縦で有罪とされたケースは，前述の判例を含め，相当数存在する。以下においては，主な事例を取り上げ，その具体的態様を考えていく。なお，課徴金事案は，証券取引等監視委員会のホームページで多数公表されている。

　第1に，前掲・藤田観光事件では，いわゆる仕手筋が複数の会社の株式の買占めをするなかで，上場会社である藤田観光の株価のつり上げを図り，現実売買による相場操縦と認定された。このケースで裁判所が誘引目的を柔軟に認定し，その後の事例に大きな影響を与えた。

　第2に，自社の経営悪化を回復するため，仕手筋に相場操縦の資金を融資することにより，自社の債務の一部を引き受けてもらった行為が，「相場操縦の共同正犯」になるとされた，日本ユニシス事件がある（東京地判平6・10・3判タ875号285頁）。仕手筋は5つの名義で11の証券会社を介し，仮装売買・馴合

売買および現実売買を組み合わせて，同社の株価の相場操縦を行っていた。

　第3に，上場会社の代表取締役が自社の株価を高騰させる目的で，専務取締役や仕手筋の者らと共謀のうえ6つの名義で19の証券会社を介し，仮装売買・馴合売買および現実売買による相場操縦を行ったと認定された，キャッツ事件がある（東京地判平17・3・11判時1895号154頁）。

　第4に，一部の投資者らが上場会社の志村化工株式会社の株価を意図的に上昇させ，売却益を得るため数名で共謀し，5つの名義で11の証券会社を介し，仮装売買・馴合売買および現実売買による相場操縦を行ったと認定された，志村化工事件がある（東京地判平15・11・11判時1850号151頁）。

　近年では，相場操縦の手法が複雑かつ巧妙になるとともに（複数の口座や借名口座の利用等），流動性が高く時価総額の大きい株式（大型株）に関する事案や，海外の投資家が絡むクロスボーダー取引や機関投資家のケースもある。ただ，違反行為全体では，個人投資家によるインターネットを通じた取引事案等が増えている。海外のファンド集団の見せ玉によるPTS（私設取引システム）の相場操縦について，グループ法人を実質的に同一体と認定して課徴金の納付命令を肯定した判例もある（東京高判令2・7・10金判1604号32頁）。

4　相場操縦の制裁

(1)　刑事責任と課徴金

　相場操縦等の禁止規定に違反した場合，関係者の責任が問題になる。まず刑事責任は，10年以下の懲役か1000万円以下の罰金，またはそれらの併科である（197条1項5号）。法人は7億円以下の罰金になる（207条1項1号）。

　違反した行為により得た財産等は原則として，必要的没収・追徴の対象になるが（198条の2），取得の状況や損害賠償の履行の状況その他の事情によっては全部または一部を没収しないこともできる（同条1項ただし書）。過酷な結果等を避けるためである（東京地判平17・3・11判時1895号154頁等）。さらに，財産上の利益を得る目的で，相場を変動させ，その相場により，有価証券の売買等を行った者には，10年以下の懲役および3000万円以下の罰金に，罰則が加重される（197条2項。暗号資産の取引等も含む）。

　次に，行政上の課徴金の類型は，3つに分かれる。第1に，仮装取引と馴合

取引（159条1項）に関するもの，第2に，現実取引（159条2項1号）に関するもの，第3に，安定操作取引等（159条3項）の禁止に違反したもの，それぞれについて具体的な算定方法が定められている（174条以下等）。令和2年度の証券取引等監視委員会の課徴金勧告は，6件に上っている（刑事告発は1件）。

(2)　民事責任

　民事責任として，相場操縦の禁止規定に違反した者は，違反行為により形成された価格等により，取引所金融商品市場等における有価証券の売買等をするか，その委託をした者が受けた損害を賠償する責任を負う（160条1項）。

　この賠償責任は，違反行為を知った時から1年間，行為の時から3年間請求しないと，時効により消滅する（160条2項）。短期消滅時効である。この責任規定は，不法行為責任の特則を設け，因果関係の立証を不要として投資家保護を図ったものとも解される（大阪高判平6・2・18判時1524号51頁）。株価操作を行った者等による仕手株の勧誘について，不法行為（民法709条）に基づく損害賠償責任を認定した事例もある（東京地判平19・10・5判時1995号99頁）。

5　その他の相場操縦関連の規制

　金融商品取引業者等や取引所取引許可業者には，自己の計算の取引や「過当な数量」の売買で市場の秩序を害する有価証券の売買等が制限されうる（161条）。信用取引等については，過当投機の防止等のため金融商品取引業者等は顧客から一定の金銭（委託保証金）の預託を受けなければならない（161条の2等）。何人による空売りや逆指値注文も，政令で制限されている（162条等）。

　また，上場会社等が行う自己株式の取得等（自社株買い）には，相場操縦のおそれがある。そこで，公正を確保するため，その買付け等は，「1日に複数の証券会社を使わないこと，取引所の終了直前以外の時間に注文を行うこと，1日の注文総量が一定以下であること」，等が求められる（162条の2等）。

　一方，相場操縦の規制には多様性がある。159条の狭義の相場操縦の規制以外にも，金商法上，広義の相場操縦的な行為の防止・禁止ルールは横断的に見られる。包括的な不公正取引の禁止規定（157条）や偽計の禁止規定（158条）と重なる部分もある。

6 安定操作の規制とは何か

安定操作とは，取引所金融商品市場における上場金融商品等の相場をくぎ付けし，固定し，または安定させる目的をもって，一連の有価証券売買等やその申込み・委託等・受託等をすることであり，政令で定めるもの以外は，何人にも禁止される（159条3項等）。安定操作も市場を操作するものである。しかし，株式が大量に発行される際等には市場価格が混乱し，円滑な発行を妨げるおそれがあるため，アメリカ法をモデルとして一定の操作が許容されている。

そこで，元引受証券会社が政令に従って，対象証券の市場価格を買い支えることは可能である。有価証券届出書と目論見書への記載や，安定操作届出書・安定操作報告書の提出といった情報開示が求められ，安定操作の期間と取引量等も制限される（施行令20条以下等）。違反の効果は相場操縦と同様になる。

第3節　不公正取引の包括的禁止規定等

1 不公正取引の包括的禁止規定

インサイダー取引や相場操縦の具体的な禁止規定とは別に，包括的な不公正取引ないし「積極的市場阻害取引」の禁止規定も，理論的には重要性が大きい。157条が，何人に対しても禁止しているのは，以下の3つの行為である。

①有価証券の売買その他の取引またはデリバティブ取引等について，「不正の手段，計画または技巧」をすること，②有価証券の売買等について，重要な事項について虚偽の表示があり，または誤解を生じさせないために必要な重要な事実の表示が欠けている文書その他の表示を使用して金銭その他の財産を取得すること，③有価証券の売買等を誘引する目的をもって，虚偽の相場を利用すること，である（157条1号～3号）。一般的詐欺禁止規定ともいう。

不正な市場阻害行為を迅速かつ柔軟に摘発するためには，抜け穴がないよう，包括的な禁止規定が必要になる。抽象的で使いにくいともいわれるが，文理上その意味は明確であり，それ自体において，犯罪の構成要件を明らかにしているとした最高裁判例もある（那須硫黄礦業株式事件。最判昭40・5・25裁判集刑

事155号831頁）。この事件では，無価値に等しい会社の株式を市場性があるように見せかけるため，同社の株式について権利移転を目的としない偽装の取引をさせ，旧証取法58条1号（現在の157条1号）に違反するとされたものである。

　157条に違反した場合，10年以下の懲役か1000万円以下の罰金，またはそれらの併科等の対象になる（197条1項等）。ほぼ相場操縦の罰則と同様である。

　これまでにも，157条の適用や類推適用が問題となった事例は多い。証券会社の過当取引（チャーニング）が同条に違反するとした判例も重要である（大阪地判平9・8・29判時1646号113頁）。157条の母法である，アメリカの連邦証券取引所法10条（b）項およびSEC規則10b-5は，インサイダー取引や各種の証券不正について，万能の包括的禁止規定として幅広く活用されている。

　わが国でも，①他の不正行為の禁止規定が要件上適用しにくい場合，②悪質性が強く他の規定では罰則が不十分な場合，③緊急に規制する必要がある場合等には，157条の積極的な適用が求められている。なお，暗号資産（仮想通貨）の取引等にも，以下の規制を含め同様の規定がある（185条の22以下）。

　争　点

157条の積極的活用を巡る議論
　種々の市場阻害性の高い取引を包括的に禁止する157条の活用を巡っては，従来から議論がある。その活用に消極的な見解は，同条の抽象的な文言について明確性を求める罪刑法定主義の観点からの疑問や，罰則の重さを根拠にする。
　これに対し，積極的活用を唱える見解が学説上は多い。金融商品の取引は複雑であり，新たな不正に対処するには，157条の意義は大きいためである。

② 風説の流布・偽計等

(1) 規制の意義

　証券取引に絡む不正としては，「風説の流布」や「偽計」等の規制も重要になる。何人も，有価証券の募集，売出しや売買その他の取引・デリバティブ取引等のため，または，有価証券等の相場の変動を図る目的をもって，①風説を流布し，②偽計を用い，または，③暴行や脅迫をしてはならない（158条）。いずれも，相場を不正に利用し，利益を得る詐欺的な要素の強い行為である。

規制に違反した場合の罰則は，157条と同様に重い（197条1項5号等）。また，風説の流布と偽計は，行政上の課徴金の対象にもなっている（173条）。

(2) 「風説の流布」とは何か

【設　例】

Aは，上場会社Bについて，「B社は近いうちに倒産する」といった虚偽の風説をインターネットを使って流し，B社の株価の下落をあおった。

Aは，事前に信用取引によりB社の株式の空売りをしており，下落後に安値で買い戻して，多額の利益を得た。Aの行為は，風説の流布に当たるか。

　【設例】において問題となる「風説の流布」（158条）とは，どのような不正行為であろうか。「風説」とは，合理的な根拠を有していない事実や不確かな情報，単なるウワサである。必ずしも虚偽であることは要求されない。また，「流布」とは，不特定・多数の者に伝達することをいう。一人に伝達した場合でも，多数の者に伝播されると認識していれば，流布に当たる。

　虚偽の事実の公表が典型例になる。風説の流布の相場変動目的の要件は，判例上「客観的背景事情と主観的言動」を総合評価して認定される。テーエスデー事件（下記の重要判例）や東天紅事件（東京地判平14・11・8判時1828号142頁。第5章第2節4を参照）が代表例であるが，次のような事件も見られる。

　第1に，ギャンぶる大帝事件では，雑誌監修人（投資顧問業）が自ら高値で売り抜けるため，「ギャンぶる大帝」という雑誌の株式欄に虚偽の事実を記載していた（東京簡裁命令平9・1・30証券監視委平成8年度活動状況）。

　第2に，個人投資家がネット上で募集した会員に対し，電子メールで売買を推奨する虚偽の情報を提供して不当な利益を得ていた，ドリームテクノロジーズ事件もある（広島簡裁命令平15・3・28証券監視委平成14年度活動状況）。

　第3に，虚偽の決算を発表した事件（東京地判平19・3・16判時2002号31頁）に加え，親会社の株価をつり上げるため，電話サービスに関する虚偽のニュース等を流した事件（東京地判平20・9・17判タ1286号331頁）も注目された。

> **（重要判例）**
>
> **エイズワクチンの開発公表と風説の流布（テーエスデー事件）**
>
> 　風説の流布が問題となった代表例に，テーエスデー事件がある。コンピューターソフトウェア開発等を目的とする，日本証券業協会の株券登録会社の代表取締役が，同社が発行した多額の転換社債の償還資金に困ったことから，株価を不正に高くつり上げ，株式へ転換させてその償還を免れたものである。
>
> 　同社の代表取締役は，自社の株価を騰貴させるため（相場の変動を図る目的で），東証の記者クラブにおいて，エイズワクチンの臨床試験の開始とワクチン製造のための合弁会社の設立等といった合理的根拠のない虚偽の事実を公表し，風説の流布に当たるとされた（東京地判平8・3・22判時1566号143頁）。この訴訟で裁判所は，将来の事実と実現した事実とは明らかにその信頼度に差があり，投資家に対する影響も大きいことは明らかであるから，将来実現するかもしれないことを既に実現したとして公表することは「風説の流布」に当たると判示しており，その後の同種の事案の認定に重要な影響を及ぼしている。

⑶　偽計とはどのようなものか

　「偽計」とは，他人に錯誤を生じさせる，詐欺的ないし不公正な策略・手段である。偽計取引やトリックともいう。様々な形態があり，被害金額が巨額に上るなどの特に悪質性の強いケースで積極的に活用されている。

　偽計の禁止ルール（158条）は，アメリカ版の不正取引の包括的禁止規定（157条）に対し，日本版の包括的な不正の禁止規定になる。ライブドア事件では，相場変動を図る目的で，買収に絡む株式交換比率の虚偽の公表や子会社の業績に関する架空売上の公表により，風説の流布と偽計の違反が，有価証券報告書の虚偽記載罪とともに認定されている（最決平23・4・25TKC25471531，東京高判平20・7・25判時2030号127頁。当時の代表取締役兼最高経営責任者に実刑）。

　最近では，企業の架空増資事件が偽計とされている（下記の会社法の関連テーマ）。また，上場会社の指導援助を行っていた投資顧問業の代表取締役が，架空増資関与して多額の利得を得た事例のほか（東京地判平22・2・18判タ1330号275頁。後述），風説の流布等との複合事案，金融商品の不当な販売事案，特殊見せ玉，粉飾決算による上場（粉飾上場）で有価証券届出書の虚偽記載罪と偽計に問われたエフオーアイ事件の社長らの事例（さいたま地判平24・2・

29TKC25480578) もある。平成30年度の偽計の課徴金勧告は，3件になっている。

┌───┐
│ ■ 会社法の関連テーマ：架空増資事件と不公正ファイナンス │
└───┘

　企業による架空増資事件が相次いでいる。業績の悪い企業等が信用力を強化するために，関連会社やダミー等を使って架空の新株発行を行う。実際には，新たな出資金は入っていないにもかかわらず，自社の資金の迂回融資等により株式数や資本金の増加の虚偽の登記を行い，不正に利得を得ようとするものである。

　こうした見せ金等による新株の発行は会社法では資本充実の原則等に違反する行為として無効な増資と解され，公正証書原本不実記載罪等（刑法157条）にも当たる（最決平17・12・13刑集59巻10号1938頁等）。金商法では周囲を誤解させ，関係者が不正に利得を得る偽計として摘発されうる。不公正ファイナンスともいう。

　この点，上記東京地判平22・2・18の裁判では，債務超過の状態にある上場会社が発行した新株予約権の予約権者が払込金を払い込み，当該上場会社の役員らをして払込み翌日に払込金を何の対価もなく直ちに社外に流出させたうえ，新株予約権の行使により資本増強が行われている旨の虚偽の事実を公表させた被告人の行為が，「偽計」に当たると認定されている（有罪）。同事案は，①発行市場の架空の第三者割当増資と②流通市場の虚偽開示等といった複数の不正行為が組み合わせて行われたものである。

　このうち，②の虚偽開示等によって同社の株価は2倍ないし3倍程度に上昇し，同社の株式を取得していた被告人が不正な利得を得ていた。また，同訴訟で裁判所が金商法158条の「有価証券等の相場の変動を図る目的」という要件には，株価の大幅な下落を阻止する目的（株価下落阻止目的ないし株価維持目的）も含まれるとの解釈を示した点も重要な意義を持つ。

⑷　暴行・脅迫等

　158条の禁止対象のひとつとして，株価変動目的の暴行・脅迫がある。この規定に関し，大型量販店「ドン・キホーテ」の株価を下落させ，空売りで利益を得る目的で同社の店舗に火を付けた事案で，適用を認めた初めての判決が出され，注目された（横浜地判平21・11・24法学教室352号117頁）。なお，同事件では，現住建造物等放火未遂の罪等にも問われている。

その他，証券等の相場の虚偽の公示等は禁止されるほか，対価を受けて行う新聞等への投資判断を提供すべき意見の表示も制限される（168条，169条）。また，有価証券の不特定多数の者に向けた勧誘等の際，有利買付け等の表示や一定の配当等の表示も禁止される（170条，171条）。誤解を招くためである。

◆　検討課題

(1)　インサイダー取引規制の意義と認定要件について，検討しなさい。会社関係者等と重要事実はどのように区分されるか。公表の基準はどうなるか。

(2)　公開買付け等のインサイダー取引の規制とは何か。インサイダー取引の適用除外と違反の責任はどうなるか。短期売買利益の返還義務とは何か。

(3)　相場操縦の規制の意義と主な類型について，説明しなさい。仮装取引・馴合取引・現実取引ないし変動操作，見せ玉とは，どのようなものか。

(4)　相場操縦の裁判例には，どのようなものがあるか。課徴金の事例では，どのような点が重視されているか。また，安定操作の内容を説明しなさい。

(5)　「風説の流布」の規制について，判例を含め検討しなさい。「偽計」の禁止規定は，どのようなケースで用いられているか。157条の意義は何か。

第 7 章

投資勧誘の規制

　この章では，証券会社（金融商品取引業者）の主要な勧誘ルールの内容と，その紛争解決手段を取り上げる。勧誘ルールは，「金融商品取引業者等の行為規制」の一環であり，金融・資本市場と投資者の接点を支えている。投資勧誘を巡るトラブルと紛争の解決は，金商法のメイン・テーマのひとつである。

　勧誘ルールは誠実・公正義務を前提に，虚偽の情報や断定的判断の提供の禁止，適合性の原則，金融商品の内容やリスク等の説明義務等が重要になる。

第 1 節　主要な勧誘ルール

【設　例】

　Aは，B証券会社（金融商品取引業者）の営業員に，「C会社の株価は絶対上がるので，買った方が良い」と強く勧誘され，C会社の株式を購入した。

　しかし，その後，C会社の株価が下落したため，Aは損失を被った。Aは，B証券会社の勧誘に関する責任を追及し，損害の賠償を請求できるか。

1　誠実・公正義務とは何か

　【設例】のような投資勧誘は問題になることが多く，金商法上の重要な論点のひとつである。金融商品取引業者（証券会社等）と顧客（投資者）との関係はどのように規制されているのであろうか。金融商品取引業者等（銀行等の登録金融機関も含む）ならびにその役員および使用人は，顧客に対して「誠実か

つ公正に」，その業務を遂行しなければならない（36条1項）。

　誠実・公正義務は証券監督者国際機構（IOSCO）の行為原則を立法化したものであり，信認義務や受託者責任（fiduciary duty）ともいわれる。金融・資本市場の公正な価格形成の確保を前提に，個々の顧客に誠実に対応すべき当然の義務を確認している。公正な市場ルールの遵守を求めるものである。

　近年，この義務の一環として証券会社の顧客に対する「指導助言義務」を認める判例が見られる。実際に，指導助言義務違反を認定した判例（大阪高判平20・8・27判時2051号62頁）のほか，適合性の原則と関連づけて同義務の違反を認定した判例等もある（大阪地判平21・3・4判時2048号61頁）。損失拡大の防止義務等も問題となりうる。民法の信義則（同法1条2項）も重視される。

　誠実・公正義務は，金融商品取引業者等の行為規制の中核ないし前提となる概念であり，他の行為規制はそれを個別具体化したものとして位置づけられる。とりわけ勧誘規制の違反行為を認定した裁判例は多い。不当勧誘という。その場合，証券会社は債務不履行（民法415条）や不法行為責任（同法709条，715条）に基づいて，損害賠償責任を問われる可能性がある（本章第4節を参照）。

2 主要な勧誘ルールの内容

(1) 虚偽情報・断定的判断の提供等の禁止

　金融商品取引業者等またはその役員や使用人には，顧客に対し，①金融商品取引契約の締結またはその勧誘に関して，「虚偽のことを告げる行為」や，②不確実な事項について「断定的判断（必ず株価は上昇する等）」を提供し，または確実であると誤解させるおそれのあることを告げて金融商品取引契約の締結の勧誘をする行為が，禁止されている（38条1号・2号）。

　こうした勧誘は，投資者の投資判断を歪曲するためである。①の虚偽の告知や②の断定的判断等の提供自体が禁止される（①は198条の6第2号で刑事罰の対象）。特に断定的判断の提供はよく問題となる。「内部情報によれば株価が2倍以上に値上がりする」などの勧誘も禁止違反になりうる（東京高判平9・5・22判時1607号55頁）。社債の勧誘に関し，倒産の可能性がないと誤認させるおそれのあることを告げたとして断定的判断の提供等による証券会社側の賠償責任を認めた判例もある（札幌地判平27・1・30判時2276号138頁）。

(2)　適合性の原則（suitability rule）とは何か

【設　例】――――――――――――――――――――――――――

　Aは，かなり高齢であり，リスクのある株式投資等の経験や十分な資産もなかった。そのため，安定的な投資運用を希望していた。

　しかし，B証券会社の営業員Cは，強引にハイリスクのオプション取引や信用取引を勧誘し，Aは多額の損失を被った。AはB社の責任を追及できるか。

――――――――――――――――――――――――――――――

　金融商品取引業者等は，金融商品取引行為について，顧客の「①知識，②経験，③財産の状況および④投資目的（金融商品取引契約を締結する目的）」に照らして，不適当と認められる勧誘を行ってはならない（40条1号）。適合性の原則といい，近年注目度が高い。4つのファクターが重要になる。

　そこで，安定運用を望む顧客に対し，ハイリスク商品を勧める行為等は禁止されるため，【設例】のような勧誘も許されない。顧客のリスク管理判断能力等については，顧客カードの整備等により，顧客の属性や取引実態等を把握する（金融庁の事務ガイドライン・金融商品取引業者等向けの総合的な監督指針Ⅲ-2-3-1等）。市場の公正な価格形成に結びつく投資判断を確保する趣旨である。

　適合性の原則は，金融商品取引業者の市場の担い手としての積極的責務であり，理論上当然要請される。説明義務と並び，販売・勧誘ルールの柱である。また，適合性の原則は一般に，狭義と広義の2つに分けて考えられている。

　第1に，「狭義（本来）の適合性の原則」は，ある特定の利用者にはいかに説明を尽くしても一定の商品の勧誘を禁止するものである。市場の投資適合性の下限を画する。第2に，「広義の適合性の原則」は，業者に利用者の知識等に適合した勧誘を求めるものになる。説明義務と合わせて要請される。なお，「顧客本位の業務運営に関する原則」として行政監督上，フィデューシャリー・デューティー（信認義務）も重視されている（本書末の資料5⑷）。

――〈 ポイント：適合性の原則に反する勧誘の具体例 〉――――――――

　適合性の原則に反する勧誘の具体例には，相場変動の激しいハイリスクの金融商品やオプション取引等を，投資の初心者や知識・経験のない主婦，財産に余裕のない年金生活者，判断能力の十分でない高齢者に勧誘をした場合等がある。

　適合性原則の代表的事例としては，水産物等の卸売業の会社が，売買総額約1800億円に及ぶ証券取引で生じた損害について，証券会社の担当者による日経平均株価オプション取引の勧誘の際に，適合性原則違反があったこと等を主張して，不法行為（民法709条）による損害賠償を請求したものがある。

　最高裁は，「証券会社の担当者が，顧客の意向と実情に反して，明らかに過大な危険を伴う取引を積極的に勧誘するなど，適合性原則から著しく逸脱した証券取引の勧誘をしたときは，不法行為法上も違法となる」として，注目を集めた（最判平17・7・14民集59巻6号1323頁。結論は証券会社の責任を否定）。その後，適合性の原則に著しく逸脱すると，不法行為責任が生じるとの判例法理が形成され，違反を認定した事例も多い（東京地判平28・6・17金判1499号46頁等）。

(3)　なぜ説明義務が必要か

　証券市場の担い手である金融商品取引業者等は，投資者に対し，金融商品の内容やリスク等の説明義務等といった公的な責任を負う。市場における公正な投資判断による価格形成を確保するためのものである。説明義務には，事前と契約締結時の2つが要請されるが，特に事前のものが重要になる。

　第1に，事前の説明義務として，金融商品取引業者等は金融商品取引契約を締結しようとするときは，あらかじめ，顧客に対し，「業者の商号，登録番号，手数料・報酬等の支払うべき対価，損失のおそれ，損失額が委託証拠金その他を上回るおそれのほか，その判断に影響を及ぼす重要な事項」を記した書面を交付しなければならない（37条の3第1項・2項等。電子的方法も可能）。苦情処理や紛争解決の措置等も記載される。説明義務は，契約締結前の書面交付義務として規定されている。契約締結前交付書面といわれ，一定の要件の下，ウェブでの提供も認められる（金商業府令80条1項5号・6号）。

　ただし，この書面の交付に際しては，内閣府令により，適合性の原則に照らして「顧客に理解されるために必要な方法および程度」による説明をしなければならない（金商業府令117条1項1号イ）。実質的説明義務という。みなし有価証券の勧誘にも，事前に交付書面の届出が必要となる（37条の3第3項等）。

　第2に，契約が成立したとき等には原則として，遅滞なく書面（取引報告書）を作成し，顧客に交付しなければならない（37条の4等）。この契約締結時の書面の作成・交付義務は，契約書とは別に重要事項を顧客に確認させることを目

的とし，委任の受任者としての報告義務（民法645条）の報告内容を明確化している。義務違反は一定の場合を除き，行政処分の対象になる。顧客が預託すべき保証金を受領したときも，書面の交付等の義務がある（37条の5等）。

　説明義務はその実質が重要になり，裁判等では民法の信義則上の説明義務も用いられている。説明義務の範囲や程度は，金融商品の内容や顧客の属性によっても異なる。例えば，EB債の販売の場合，証券会社等は，株式償還リスク等も適切に説明する義務を負う（東京地判平27・4・14金判1469号15頁）。

(4)　目論見書の交付等

　有価証券の募集または売出しでは，第3章第3節で見たように，証券の発行者等には投資者への勧誘の際，企業情報等を記載した目論見書の交付等が義務づけられている（15条2項等）。プロ投資家向け証券の勧誘や外国証券の売出し等の場合も，適切な情報の提供等が求められる（27条の31以下等）。

(5)　その他の勧誘に関する規制

　そのほか，金融商品取引業者等の勧誘等には，以下のような規制もある。
　〔1〕標識や広告等の規制
　金融商品取引業者等は営業所等の公衆の見やすい場所に，適正な標識を掲示する義務を負う（36条の2等）。他人への名義貸しや，中立性から社債管理者や社債管理補助者等になることも禁止される（36条の3・4等。引受人は可能）。
　広告等では商号や登録番号等を表示し，取引態様（仲介等）の事前明示義務を負う（37条，37条の2等）。指定紛争解決機関との契約締結義務等も課されている（37条の7等）。なお，顧客には，書面による金融商品取引契約の解除権が認められることがある（37条の6等。クーリング・オフ。投資顧問契約に限る）。
　〔2〕「不招請勧誘」の禁止等とは何か
　証券市場の利用者である投資者の保護を図るため，リスクの高い金融商品については，原則として一定の勧誘行為が禁止されている。第1に，勧誘の要請をしていない顧客に対し訪問し，または電話をかけて契約の締結の勧誘をする行為（38条4号），第2に，勧誘に先立って勧誘を受ける意思の有無を確認することをしないで勧誘をする行為（同条5号），第3に，顧客が契約を締結し

ない旨の意思や勧誘の継続を希望しない旨の意思を表示したにもかかわらず勧誘を継続する行為（同条6号）は，禁止される。第1が，不招請勧誘の禁止，第2が，顧客の勧誘受諾意思の確認義務，第3が，再勧誘の禁止，である。

ただし，過度の勧誘の制限にならないよう，第1の禁止対象は，原則として金融先物（通貨・金利等）の店頭デリバティブ取引であり，少ない元手で多額の外貨を売買する店頭外国為替証拠金取引（FX, Foreign Exchange）等や，個人顧客を相手方とする店頭デリバティブ取引（FXの株式・債券版）である証券CFD（Contract For Difference, 差金決済）取引等に限られている（継続的な取引関係にある場合等は除く。施行令16条の4第1項，金商業府令116条1項）。また，第2と第3の禁止対象は，金融先物や商品の一定の市場デリバティブ取引等に限定される（施行令16条の4第2項等）。不招請勧誘等が禁止される理由は，プライバシーの保護や投資の自己決定権の確保，現実の被害の発生状況等にある。顧客の勧誘受諾意思の確認義務は，再勧誘の禁止の前提になる。

他方，顧客注文の取扱いには，「最良執行義務」が課されている（40条の2等）。金融商品取引業者等は，最良の取引の条件で執行するための方針および方法を定め，それに従い，有価証券等取引に関する注文を執行しなければならない（同条1項・3項等）。最良執行方針等は公表され，顧客に書面等で提供される（同条2項・4項以下等）。「最良（ベスト）」とは価格，コスト，スピード，執行可能性等の要素を総合的に勘案して決定される。顧客資産の分別管理の確保や，特定投資家向け証券の売買の制限等も重要になる（40条の3以下等）。

〔3〕 無断売買の禁止等

「内閣府令」による金融商品取引業者等またはその役員や使用人の禁止行為も多い（38条9号，金商業府令117条）。公正な市場ルールとして重要になる。

主な禁止行為には，虚偽表示・特別利益の提供，契約の締結・解約に関する偽計・暴行・脅迫，債務の履行拒否・不当な遅延，顧客の金銭等の不正取得，迷惑時間帯の勧誘，フロント・ランニング（顧客注文より先に自己の注文を有利な条件で出すこと），無断売買，職務上の地位を利用した取引や投機的取引，インサイダー取引への関与，発行者の法人関係情報の提供・利用，プレ・ヒアリング（需要調達）の規制，特定・少数銘柄の過当勧誘，大量推奨販売，相場操縦に関する取引，作為的相場形成等がある。証券会社の従業員が，すでに作為

的相場が形成された株式の購入を意図的に強く勧める行為は，不法行為になり
うる（作為的相場形成取引という。大阪高判平 6・2・18判時1524号51頁）。

　また，金融商品取引業者等の「業務の運営の状況」に関するルールには，顧
客の注文内容を確認しない頻繁な証券の売買等や，投資信託の乗換え勧誘時の
説明不足の禁止等のほか，一任勘定取引の規制等もある（40条 2 号，金商業府
令123条。第 8 章第 2 節[7]も参照）。なお，商品関連市場デリバティブ取引等の委
託については，自己が相手方となる「のみ行為」も禁止される（40条の 6）。

ポイント：不当勧誘と金融サービス提供法・消費者契約法

　金融サービスの提供に関する法律（金融サービス提供法）は，広く金融商品販
売業者等に対し元本欠損リスクの説明義務等を課し，違反行為者には損害賠償責
任を負わせるとともに損害額の推定規定も置く。また，同法は，多種多様な金融
商品や金融サービスをワンストップで提供できる金融サービス仲介業者（預金・
保険・証券・貸金業等の媒介業者）に関する制度を設けている。

　同法は利用者の利便性の向上と保護を図る趣旨から，令和 2 年に金融商品販売
法を改正したものである。金融サービス仲介業者には，登録制・保証金の供託等
の参入規制に加え，顧客に対する適切な情報提供等の行為規制等が整備されてお
り，金商法の取引ルールの一部にも取り入れられている（15条，23条の 8 等）。

　これに対し，消費者契約法は，事業者が消費者を誤認・困惑させた勧誘による
契約の取消しや，不当な契約条項の無効，適格消費者団体による差止請求権の行
使等を可能とすることで，消費者の利益を擁護している。これらの特別法は金融
商品の販売や勧誘の適正化等を図る点において，金商法と重なる側面がある。

---

(6)　「損失補てん等」の禁止とは何か

【設　例】
　Aは，B証券会社との証券取引において，株価の下落により，損失を被った。
そこで，B証券会社の営業担当者に対し，損失の補てんを強く求めた。
　B証券会社が，Aの要求に応じることは適法か。「事故」の確認とは何か。

　損失補てんとは，特定の大口顧客の株取引等における損失を証券会社（金融
商品取引業者等）が，取引関係の維持等のため穴埋めするものである。そうし

た損失補てんは，バブル経済崩壊後の平成3年に社会問題化した証券不祥事を契機に，「利益の保証」を含めて包括的に厳しく禁止されている（39条）。

【設例】のような特定の顧客への損失補てんは，投資者の平等と金融商品取引業者等の中立性・公的債務に反する。その結果，投資者の証券市場への信頼を著しく失わせ，公正かつ健全な市場の価格形成機能を害することになる。

争 点

損失補てんの違法性

　損失補てんの禁止理由に関し，平成3年改正で禁止規定が新設された当時は，①証券市場の公正な価格形成（投資者の自己責任原則違反）や，②証券会社の中立性・公平性の確保等が挙げられた。しかし，その違法性は証券市場が決定した投資者の損益・資金配分について，証券市場の公的担い手である証券会社が公正な価格形成を最終局面で歪曲する点を強調する見解も有力である（市場法説）。

　他方，損失補てんは，当時すでに禁止されていた事前の損失の保証や利回りの保証のほか，包括的な不公正取引の禁止規定（157条）違反の可能性も強い。独占禁止法上も，平成3年に公正取引委員会が不公正な取引方法としている。

そのため，金融商品取引業者等（証券会社等）には，顧客（信託会社等に信託をする者を含む）に対し，有価証券の売買その他の取引またはデリバティブ取引（有価証券売買取引等という。確定価格の買戻条件付売買等は除外）につき，損失補てん等をすることが禁止される。業者等は，有価証券売買取引等につき，①「取引の前に」全部または一部の顧客の損失の補てんまたはあらかじめ定めた額の利益が生じない場合の補足を顧客やその指定した者に対し，申し込むか約束する行為等，②「取引の後に」顧客等に対し，損失の補てんまたは利益の追加を申し込むか約束する行為等，③損失の補てん等をするため顧客等に対し，「財産上の利益の提供等」，をしてはならない（39条1項1号～3号等）。

　①と②は，損失の補てんや利益の保証・追加の約束等を禁止しており，③はその実行行為の禁止である。違反した業者等は，3年以下の懲役または300万円以下の罰金・併科（法人は3億円以下の罰金）の対象となる（198条の3等）。

　FX取引の顧客の損失を補てんしていた，証券会社と元役員等を有罪とした判例も見られる（東京地判令2・3・30TKC25567084）。禁止対象の損失には評

価損失を含み，現金や物品の贈与，債務免除等のほか，利益の出ている口座や取引の付け替えも，「財産上の利益の提供」に当たりうる（東京地判平8・12・24判タ937号268頁）。第三者を通じた顧客等への申し込み・約束・提供といった行為も禁止される。さらに，顧客が損失補てん等を要求することも禁止され（要求罪），違反した場合，1年以下の懲役か100万円以下の罰金，またはそれらの併科等の対象となり，財産上の利益は没収される（39条2項，200条14号等）。損失補てんの約束は私法上も無効であり，投資者は不当勧誘として金融商品取引業者等に損害賠償を請求できる。

　ただし，損失補てん等の禁止は，無断売買，誤認勧誘，注文執行上の事務処理の誤り等の「事故」には適用されない。事故とは，業者等の違法・不当な行為であって，顧客との争いの原因となるものをいう。事故による損失を補てんする際には，脱法防止のため事前に業者等が申請書等を提出し，内閣総理大臣の確認手続を得る必要がある（39条3項・5項・7項等）。裁判所の確定判決・裁判上の和解等の場合，そうした確認は不要である。また，金銭の授受を目的とする一定の投資信託（MRF）の元本割れについて，業者等が顧客の損失を補てんすることも補てん実行禁止の適用除外になる（同条4項・6項等。銀行の普通預金に近いため）。

会社法の関連テーマ：損失補てんと経営者の責任

　損失補てんをした証券会社の経営者の会社法上の責任は，どうなるであろうか。この点，大手の証券会社が，平成2年に大口顧客である放送会社の証券取引の損失を補てんした行為について，その証券会社の株主が，そのような決定をした当時の代表取締役らに対し，株主代表訴訟（現在の会社法847条）を提起し，法令（独占禁止法や旧・証券取引法等）違反に基づき責任を追及した事例がある。

　最高裁は，取締役らが違法性の認識を欠いたことにつき過失がなかったとして，会社に対する損害賠償責任を否定した（最判平12・7・7民集54巻6号1767頁）。この結論については，損失補てんの巨額性や重大性に鑑みると，責任を否定した点等を巡り議論がある。この事件は平成3年の改正前の事案であるが，現在同様の問題が生じた場合には，取締役らの責任が肯定されるものと思われる。

第2節 プロ・アマ区分～特定投資家と一般投資家～

【設 例】

　Aは，資産に余裕があるため，「プロの投資家向けの金融商品」への投資について興味がある。プロ向けの市場にも人気があると聞いている。

　プロ向けの金融商品には，どのような取引のための資格があるか。金融機関や会社だけでなく，個人であっても取引をすることができるであろうか。

図表7-1　投資者の区分～プロとアマ～

```
①特定投資家　　　　　　→適格機関投資家，国，日本銀行
②移行可能な特定投資家→上場会社，資本金5億円以上の株式会社等
③移行可能な一般投資家→法人，一定の資産等のある個人投資家等
④一般投資家　　　　　　→③以外の個人投資家
　└→①と④は，アマやプロに移行できない。
```

1　投資者を区分する意義

　市場参加者である投資者について，「投資に関する専門知識」のある特定投資家（プロ）と一般投資家（アマ）とは，区分されている。特定投資家（プロ）向けの販売については，金融商品取引業者等の行為規制の一部が緩和される（34条以下等）。そして，特定投資家にはプロ向け市場への参加や，プロ専用の金融商品等の投資サービスの提供を受けられるメリットがある。

　例えば，原則として特定投資家に適用されない規制としては，広告等に関する規制，契約締結前・契約締結時の書面交付義務，不招請勧誘の禁止，適合性の原則等がある（45条等）。他方，資本市場の公正確保の観点から，虚偽の事実の告知・断定的判断の提供の禁止，損失補てんの禁止等は適用される。

　プロとアマの間の中間層には，一定の条件のもとで移行が認められている。

そのため，投資者は，自己の選択により移行できる中間層を含めて4つに分類
される。すなわち，①一般投資家に移行できない特定投資家，②申出によって
一般投資家に移行できる特定投資家，③申出によって特定投資家に移行できる
一般投資家，④特定投資家に移行できない一般投資家，である。

② 特定投資家（プロ）とアマへの移行手続（アマ成り）

特定投資家とは，まず，「適格機関投資家，国，日本銀行」である（2条31
項1号〜3号）。このうち，適格機関投資家とは，有価証券に対する「投資に係
る専門的知識および経験」を有する者であり，証券会社，銀行，保険会社，有
価証券残高10億円以上の届出を行った法人等になる（2条3項1号，定義府令10
条1項）。これらの特定投資家は，一般投資家であるアマへは移行できない。

次に，広義のプロである特定投資家には，「投資者保護基金その他の内閣府
令で定める法人」として，上場会社，資本金5億円以上の株式会社等が含まれ
る（2条31項4号，定義府令23条）。これらのプロには，申出によって特定投資
家以外の者（アマ）への移行が認められる（34条の2等）。アマ成りという。

申出を受けた金融商品取引業者等には承諾義務があり，確認書を交付する。
プロからアマへの移行は，顧客の申出があるまで有効であり，いつでもプロに
戻ることはできる（34条の2第10項以下等）。プロ復帰・復帰申出者という。

③ 一般投資家（アマ）とプロへの移行手続（プロ成り）

上記以外の法人や個人等の一般投資家にも，特定投資家への移行が認められ
る場合がある（1年ごと更新）。プロ成りという。個人は，1年以上の金融商品
の取引経験があれば，①匿名組合の営業者（出資額3億円以上等）か，②知識，
経験および財産の状況に照らして特定投資家の要件（純資産5億円以上か，投資
性金融資産5億円以上か，前年の収入が1億円以上である場合）に該当する場合等
である（34条の4第1項，金商業府令61条以下等）。

直近1年間の1か月の平均的な証券取引等が4件以上である場合，それらの
資産要件は各3億円になる。また，1年以上の取引経験をもつ，特定の知識経
験を有する者（1年以上の金融業，経済学等の経験者）で純資産や投資性金融資
産が1億円以上か，前年の収入金額が1000万円以上の者もプロに移行できる。

　個人の場合，金融商品取引業者等は一定の書面の交付等とともに，申出者がプロとしての要件等に該当することを「確認」しなければならない（34条の4第2項等）。こうしたプロ成りの申出は，1年ごとに更新されなければならず，期限日の1か月前から更新の申出は可能である（34条の3第7項等）。

　反対に，いつでも，申出により再び一般投資家に戻ることは可能である（34条の3第9項等）。アマ復帰という。この場合，金融商品取引業者等には申出を承諾する義務があり，確認の書面の交付等を行う（34条の3第10項等）。

第3節　外務員の規制

【設　例】

　Aは，B証券会社の外務員Cの「不当な勧誘行為（虚偽の説明等）」により，株式を購入した。しかし，その後，株価が下落し，損失を被った。

　Aは，Cの行為について，B会社の責任を追及できるか。外務員とは何か。

1　外務員の意義と登録制

　証券会社等の活動にとって，外務員が重要な役割を果たしている。外務員とは，「勧誘員，販売員，外交員その他」いかなる名称を有する者であるかを問わず，金融商品取引業者等の役員または使用人のうち，その業者等のために有価証券の各種の取引や勧誘等の行為を行う者である（64条1項）。有価証券の売買や，その仲介（媒介・取次ぎ・代理）の申込みの勧誘等が広く含まれる。

　証券会社の内外で活動する外務員と顧客との間のトラブルは多い。そのため，金融商品取引業者等は，外務員の氏名や生年月日等につき外務員登録原簿に登録を受けなければならず，登録を受けた者以外の者に外務員の職務を行わせてはならない（64条1項以下）。登録申請書にはその者の履歴書等を添付し，登録手数料を納める。登録事項の変更や退職等があれば，届け出なければならない（64条の4等）。登録の取消しの日から5年を経過しない者等の欠格事由がある外務員は，登録が拒否される（64条の2等）。外務員が法令違反等を行った場合，内閣総理大臣は登録の取消しや職務の停止等の監督上の処分をするほか，登録

を抹消することもある（64条の5・6・9等。不服の審査請求は可能）。

　外務員の登録に関する事務については，認可金融商品取引業協会等に委任することが可能である（64条の7等）。実際に，日本証券業協会（日証協）が外務員規則を定め，外務員試験や研修等を行っている。日証協による外務員登録の処分の取消請求が認容されたケースもある（東京地判平29・4・21判タ1428号196頁）。なお，社外で売買注文等の勧誘や注文の受託を行うものだけでなく，社内の職員も営業所の内外や肩書を問わず，外務員として登録を要する。

2　外務員の権限

　外務員は，その所属する金融商品取引業者等に代わって，有価証券等の取引・仲介の勧誘等の行為（64条1項各号）に関し，一切の裁判外の行為を行う権限を有するものとみなされる（64条の3第1項）。代理権の擬制という。

　代理権の擬制により，顧客は外務員の行為につき当然に金融商品取引業者等の契約上の責任を追及できる。金融・資本市場の末端を支える外務員への信頼を通じて公正な市場秩序を確保するとともに，外務員に権限があると信じて被害にあった，顧客・投資者を保護する趣旨である。関連する裁判例も多い。

　まず，この外務員の代理権の擬制は，登録の有無にかかわらず妥当する。また，外務員の権限は所属金融商品取引業者等の営業の範囲内に限定されるが，本業に限らず，付随業務も含まれる。なお，外務員の金融商品取引業者の営業範囲外の行為による顧客の損失については，金融商品取引業者の使用者責任（民法715条）を肯定したケースも多い（最判平9・4・24判時1618号48頁等）。

　次に，外務員の代理権を擬制する規定（64条の3第1項）は，「相手方が悪意であった場合」においては，適用されない（同条2項）。取引等の相手方である顧客を保護する必要がないためである。以下の争点も参照。

　　争　点

外務員の代理権擬制の範囲を巡る争い
　外務員の代理権の擬制規定は，重大な過失のある相手方（顧客）にも適用されるであろうか。重過失は悪意と同視されるため，保護されないとの見解もある。
　しかし，市場機構の担い手としての金融商品取引業者等の地位と監督上の責任

を重視し，文言通り，悪意には重過失は含まれないと解する見解が多い（名古屋高判昭51・12・27判夕349号251頁等）。外務員の責任追及については，民法の不法行為・使用者責任（同法709条，715条）による事例も相当数見られる。

第4節　勧誘トラブル・紛争の解決

1　裁判上の解決

【設　例】

　投資者のAは，B証券会社の営業担当者の不当な勧誘（説明義務違反等）により，損失を被った。そこで，AはB証券会社に対し，損害賠償を求めている。

　裁判による請求は可能か。また，裁判外で解決を求めることはできるか。

　【設例】のような説明義務違反等に関し，損害賠償を求める裁判は少なくない。不当勧誘訴訟という。不当な勧誘や説明義務の違反等により損害を受けた場合，投資者は証券会社に対し，債務不履行（民法415条）や不法行為（同709条）等に基づき損害賠償を請求できる。ただし，裁判では，投資者の側にも一定の過失や不注意があったことを認定し，過失相殺を行う事例が多い。

　株式等の金融商品に関する不当勧誘を巡って争われる訴訟においては，従来リスクの高いオプション取引，信用取引等が中心であった。しかし，最近では，投資信託や海外の債券のほか，いわゆる仕組債等のケースも増えている。

◁ポイント：過当取引（チャーニング）と業者の手数料稼ぎの問題▷

　株式等の取引の不当勧誘を巡る損害賠償訴訟においては，証券会社等による過当取引（売買）ないしチャーニングが問題となることが多い。過当取引は，証券会社等が顧客の利益ではなく，手数料の収入等を目的として過当な数量や金額の取引を勧誘するという不正（違法）な行為である。損害賠償責任を生じうる。

　過当取引は無断売買とは区別され，アメリカ法に倣って3つの要件から認定されるなどの判例法理が形成されている（東京高判平29・10・25金判1531号54頁等）。①業者の口座支配（事実上の一任を含む），②取引の過当性，③悪意性，の

　３つの要件である。過当取引は，公正な市場の価格形成を阻害する行為になる。
　過当取引の規制は，投資者にとって適合的な投資判断の確保（市場に適合的な
〈投資判断〉）を求めるという意味で，投資勧誘の段階において投資者（市場に適
合的な〈投資者〉）を選別するという狭義の適合性の原則とも区別される。

② 裁判外の紛争解決と「指定紛争解決機関」

　業者と顧客との間における金融商品の勧誘等のトラブルは少なくない。ただ，
裁判による解決は時間やコストの点で，当事者には大きな負担になる。そこで，
損害賠償を求める顧客・投資者にとって，裁判に代わる簡易・迅速で廉価な選
択肢である，金融ADR（Alternative Dispute Resolution）の重要性は大きい。
　裁判外の紛争解決については，公正性・中立性・専門性とともに，実効性や
透明性を備えた指定紛争解決機関制度が設けられている。具体的には，日本証
券業協会等が運営している「証券・金融商品あっせん相談センター（フィン
マックという。FINMAC, Financial Instruments Mediation Assistance Center)」が，
株式や債券，投資信託，FX等の金融商品の取引に関する紛争の解決に当たっ
ている。そのほか，生命保険協会，全国銀行協会等も指定されている。
　「指定紛争解決機関」とは，内閣総理大臣から紛争解決等業務を行う者とし
て，公正かつ適確な業務の実施のための要件を満たし，指定を受けた者である
（156条の38以下等）。指定紛争解決機関は，金融商品取引業者等と手続実施基本
契約を締結し，その加入業者は契約上，「①紛争解決手続への応諾義務，②資
料の提出義務，③結果の尊重義務等」を原則として負担することになる。
　金融商品取引業者等は，業務の種別に応じた指定紛争解決機関が存在する場
合，こうした手続実施基本契約を締結する義務を負い，原則としてその利用が
強制されている（37条の７等）。そのような機関が存在しない場合には，それに
代わる適切な苦情処理措置と紛争解決措置を講じなければならない。
　指定紛争解決機関は，加入金融商品取引関係業者の顧客から苦情解決の申立
てがあったときは，苦情処理手続として，その相談（質問）・苦情に職員であ
る相談員が対応し，顧客に必要な助言等を行う（156条の49等）。また，紛争解
決手続の申立てを受けた場合，弁護士等の人格が高潔で識見の高い「紛争解決

140

委員」を選任する。そして，非公開の手続において，独立性のある紛争解決委員が当事者等の意見を聴取し，資料の提出等を求めたうえで和解案や特別調停案の作成と受諾勧告等を行い，トラブルの解決を図っていく（156条の50等）。

　指定紛争解決機関は，行政による監督を受けている（156条の55以下等）。特に前述のフィンマックは，トラブル解決の仕組みや相談・苦情・あっせんの状況等について，定期的にホームページで公表しており，参考になる。なお，苦情処理やあっせん手続が不調で成立しない場合には，訴訟等に移行する。

◆　検討課題

(1)　投資勧誘ルールの内容を検討しなさい。適合性の原則の意義と内容はどうなるか。説明義務とは何か。金融サービス提供法等の意義はどこにあるか。

(2)　損失補てん等の規制について，その内容を説明しなさい。違反の制裁はどうなるか。事故とは何か。損失補てんと経営者の責任はどうなるか。

(3)　投資者のプロ・アマ区分とは，どのようなものか。プロとアマの移行の基準はどうなるか。プロ私募・プロ向け市場・プロ向けファンドとは何か。

(4)　外務員の意義について，検討しなさい。日本証券業協会の外務員の規制はどうか（第10章第１節②も参照）。外務員の権限の範囲はどこまで及ぶか。

(5)　勧誘トラブルを解決し，不当勧誘の被害を受けた投資者を救済するには，どのような方法があるか。裁判ではどうなるか。金融ADRとは何か。

第8章

金融商品取引業者等の規制

　この章では，資本市場を支える金融商品取引業者（適宜「証券会社等」という）の役割と法規制について，説明していく。金融商品取引業は，「①第1種金融商品取引業，②第2種金融商品取引業，③投資助言・代理業，④投資運用業等」に分類されている。金融商品取引業は原則として登録制になるが，特に認可を要するPTS業務もある。銀行の証券関連業務等も重要性が大きい。

第1節　金融商品取引業者等の意義と参入規制等

【設　例】
　Aは，B証券会社の職員を名乗るCから，株式の購入の勧誘を受けている。しかし，実は，B証券会社は業者として，「適法な登録」をしていなかった。
　Cのような行為は，金商法違反により，どのような責任を問われるか。

1　金融商品取引業者の規制と登録制等

　【設例】の無登録業者等の問題は，身近で起きやすい。金融商品取引業者（証券会社等）は，金融・資本市場（マーケット）の最も中核的な担い手であり，高い公益性を有している。市場メカニズムを支える重要な存在である。
　金融商品取引業者は高度な専門知識を有する市場の仲介業者等として，企業の株式発行等による資金調達（いわゆるエクイティ・ファイナンス）や投資者による証券の売買の仲介をするほか，多様な金融・投資サービスを展開している。

企業や投資者の手助けをするビジネスになる。他方，金融・証券市場の公益的な性質から種々のリスクを負担し，国民経済への影響も重大であるため，行政・自主規制等による高度で柔軟な監視・監督体制が継続的に求められる。

そこで，金融商品取引業（2条8項に列挙）のいずれかを業として行う者については，金融商品取引業者として登録が必要になる（29条）。規制対象には，一般的な証券業務のほか，各種デリバティブ関連業務や私設取引システム業務，清算取次ぎ等とともに，投資顧問や投資信託等も取り込まれている。

> ◁ **ポイント：証券行政と登録制等の参入規制** ▷
>
> わが国の証券会社（業者）の参入規制には，歴史的変遷がある。昭和23年に新たに証券取引法が制定された時には登録制が採用されていたが，証券不祥事の発生を受けた昭和40年改正で，免許制という厳格な事前予防的規制となった。
>
> その後，平成10年の金融システム改革により競争促進等のため，事後監督型の規制への移行を背景として再び登録制に復帰し（一部は認可制），新規の参入も増えている。金商法も私設取引システム等を除き，登録制を継承している。

② 登録要件と例外としての認可制

金融商品取引業にはその公益性から，内閣総理大臣（金融庁）への登録が義務づけられている（29条）。登録は，「①第1種業，②第2種業，③投資助言・代理業，④投資運用業等」といった業務の種別ごとになされる（複数も可）。

登録の申請後，所定の審査を受け，拒否事由がある場合を除き，金融商品取引業者の登録簿に登録され，公衆の縦覧に供せられる（29条の2以下等）。

例外は，私設取引システム業務（Proprietary Trading System（PTS））である。PTS業務を行うときは，一定の基準による厳しい認可が必要になる（30条以下等）。PTSは私設取引所ともいわれ，証券会社が開設・運営する電子ネットワーク（電子情報処理組織）上で競売買の方法等により，多数の顧客の注文を仲介して上場有価証券の売買等を成立させるものである（2条8項10号等）。

PTSは，各証券会社が独自に設定した柔軟な条件・取引手法によるため，投資者に便利な点もあり，夜間の時間帯等で取引量が増えている。取引の場が広

がり，市場間競争が促進されるのは良い点もあるとはいえ，注文のトラブルへの対応など適切なリスク管理体制の整備等も求められる（30条の4等）。

　なお，銀行等が一定の証券業等を行う場合にも，登録が求められている（33条の2）。登録金融機関という（本章第5節参照）。令和3年5月末時点の金融商品取引業者の数は，第1種が308，第2種が1209，投資助言・代理業が974，投資運用業が401となっており，金融庁のホームページで公表されている。

③　行政による監督

　登録を受けた金融商品取引業者は，内閣総理大臣（金融庁）による監督の下に置かれ，定期的または臨時の検査を受け，適宜報告を求められる（56条の2等）。そして，業務運営上の規制や行為規制に違反すると，「業務改善命令」や業務の停止，登録の取消等といった行政処分の対象になる（51条以下等）。

　行政監督の対象は金融商品取引業者等のみならず，業者と取引をする者，金融商品取引業者等の子特定法人や持株会社，業務委託先，主要株主，親銀行等や子銀行等にも及ぶ（56条の2第1項〜3項等）。規模の大きい第1種金融商品取引業者については特別金融商品取引業者として，グループ全体を対象とする連結ベースの財務状況等の監督が行われている（57条の2以下等）。行政監督上，金融商品取引業者等の自主的な努力の尊重にも配慮される（65条の6）。

　金融商品取引業者が業務の休止・廃止や破産手続開始の申立て等をした場合，届出等が必要になる（50条等）。廃業等の際は，公告のうえ，顧客の取引を速やかに結了し，顧客の財産等の迅速な返還も義務づけられる（50条の2等）。

> ◁ポイント：無登録業者と投資勧誘▷
>
> 　【設例】のような未公開の株式の取引等を巡る，「無登録業者による詐欺的な勧誘」は重要な問題である。そのため，無登録業者への罰則が強化されるとともに，顧客に不適合な勧誘または不当な利得行為でないことを証明しない限り，未公開有価証券の売付け等の対象契約は，原則として無効になる（171条の2等）。
>
> 　金融庁が，問題のある金融商品取引業者の破産手続の開始を申し立てられる範囲にはファンドも含まれ，投資者への預託資産の確実な返還が図られている。無登録業者等には，行政による警告や緊急停止命令（192条）の発動も目立つ。

第2節　金融商品取引業の区分と役割等

図表8−1	金融商品取引業の様々なタイプ

- ①第1種金融商品取引業→証券会社等。有価証券の売買，仲介等の証券業務等
- ②第2種金融商品取引業→組合型のファンド業者等。集団投資スキームの募集等
- ③投資助言・代理業──→投資顧問契約上の助言，顧問契約締結の代理・媒介等
- ④投資運用業─────→投資信託・投資一任契約上の財産の運用等
- ＋金融商品仲介業者（一般の事業者等），登録金融機関（銀行等）等

1　第1種金融商品取引業

　第1種金融商品取引業者とは，いわゆる証券会社等である。金融商品取引業（2条8項）のうち，次のいずれかを業として行う（28条1項1号〜5号等）。

　第1種業ないし証券業務に含まれる行為は，①流動性の高い有価証券の売買やその仲介（媒介・取次ぎ・代理）等のほか，有価証券の発行（募集・売出し）の取扱いや私募の取扱いといった，取引の仲介等が基本となる。さらに，②店頭デリバティブ取引や仲介（媒介・取次ぎ・代理），③有価証券の引受け等，④私設取引システムに係る行為，⑤有価証券等の受託・振替も含まれる。

　③の「引受け」とは，有価証券の発行（募集・売出し等）に際し，仲介販売を目的として，証券の全部または一部を取得すること（買取引受け）や，取得者がない場合に証券の残部を取得すること（残額引受け）などである。そうした業務を行う者を，引受人（アンダーライター）という（2条6項）。③の中心を「元引受け」といい，引受リスクに伴う損失の危険管理の必要性が高い（28条1項3号・7項，第3章第5節②参照）。証券会社の大きな収入源になるため，過当な引受競争が生じがちであり，登録要件等の規制も厳しい。

　第1種金融商品取引業として登録を受ける者は，株式会社等に限定される（29条の4第1項以下等）。また，最低資本金・純財産額の規制や主要株主の規制も課され，財務の健全性の維持等が厳しく求められる（同項4号以下等）。

第1種金融商品取引業のうち，顧客の金銭等の預託等に係る業務は有価証券等管理業務と位置づけられ（28条5項），特に顧客資産の分別管理義務（43条の2）等が課される。また，有価証券の売買や仲介等の証券業務は「有価証券関連業」とされ（28条8項），銀行等の禁止の対象（33条）等になる。

「証券会社」の名称は，有価証券関連業を行う第1種金融商品取引業者のみが使用できる（平成18年証取法等改正法附則25条）。なお，このようないわゆる「第1種業者」には，金融先物取引業者（FX専門業者等）等も含まれる。

> ◁ ポイント：証券会社等において基本となる4つの証券業務 ▷
>
> 　代表的な証券業務（金融商品取引業務）は以下の4つであり，きわめて重要性が大きい。①委託売買（ブローカー）業務は，投資者からの有価証券の売買等の注文を，流通市場（取引所等）で仲介することである。主に媒介・取次ぎ・代理という。証券業の中心であり，売買手数料が証券会社の主な収入源になる。
>
> 　まず，「媒介」では，業者は売買が成立するように事実上尽力する。次に，「取次ぎ」は業者が自己の名をもって，投資者のために注文を執行する。そして，「代理」は，業者が代理人として投資者の名前で投資者のために売買を行う。
>
> 　②自己売買（ディーラー）業務は，証券会社が自らの資金で有価証券を売買するものである。他方，③引受け（アンダーライター）業務は，有価証券の募集・売出し等に際し，買取引受けや残額引受けを業とする。リスクもあるが，収入も大きい。④募集・売出しの取扱い（セリングないしディストリビューター）は，新たに発行される証券やすでに発行された証券を，投資者に販売あっせんする勧誘業務になる。
>
> 　①と②は主に「流通市場」に関わり，③と④の業務は「発行市場」に関係している。なお，証券業務はこのほかにも，多様性がある。

② 　第2種金融商品取引業

(1)　その意義と範囲

　第2種金融商品取引業者とは，ファンド業者である。小規模な組合型のファンドといった，流動性の低い有価証券の販売や勧誘等の以下のいずれかを業として行う（28条2項1号～4号等）。①投資信託や集団投資スキーム持分等の募

集（公募）や私募，②みなし有価証券についての売買またはその仲介（媒介・取次ぎ・代理），募集や売出し・私募の取扱い等，③有価証券に関連しない市場デリバティブ取引等，④その他，である。業者としての登録を要する。

　いわゆる「第2種業」は，主に投資信託や，集団投資スキーム持分の発行者等が募集・私募といった「自己募集」を行うものである。第2種業は，第1種業とは異なり，株式会社以外の法人や個人でも登録を受けることもできる。

　ただし，登録を受ける個人は，一定の営業保証金を最寄りの供託所に供託しなければならず（31条の2等），適確な人的構成の保持に加え，法人には最低資本金額の規制の遵守が求められる（29条の4第1項）。国内における代表者・営業所の設置や社内規則の遵守体制の整備等も義務づけられている（同項等）。

　ファンド販売業者には，顧客資産の分別管理が確保されていない場合，売買等が禁止される（40条の3等）。ファンドに出資された金銭が目的外に流用されている場合も，募集の取扱い等をしてはならない（40条の3の2等）。

(2)　プロ向けファンド（適格機関投資家等特例業務）

　第2種金融商品取引業や投資運用業の規制を緩和した例外として，プロ向けファンドがある。適格機関投資家等特例業務という。適格機関投資家等（適格機関投資家1名以上と適格機関投資家以外の者が49名以下（その役員等）の場合）だけを相手方とするファンドの私募や運用を行う場合は，金融商品取引業者としての登録ではなく，商号や主たる営業所の所在地等の届出のみでよい（63条等）。簡易な届出制であり，ベンチャー企業への投資等に活用されている。

　令和3年4月末時点のプロ向けファンドの届出者（63条業者ともいう）は，2850の多数に上る（金融庁のホームページ）。特例業務届出者には，顧客への虚偽告知等が禁止される（63条11項等）。届出者は公衆縦覧される（同条5項等）。

＜ポイント：プロ向けファンドの規制＞

　プロ向けファンドには，1名以上のプロ投資家（適格機関投資家，QII）がいれば届出のみで，49名以下の投資者に対する投資ファンドの勧誘や販売等が許されている（63条1項等）。しかし，投資による経済の活性化を図る一方で，一般投資家への不当な勧誘等を規制し，投資被害を防止する必要性も大きい。

　そこで，プロ向けファンドの規制として，特例業務届出者には欠格事由（5年内の罰則適用者等）があり，出資者の範囲も密接な関係者等に限定される（63条5項以下等）。また，リスクの説明義務等が課され，問題があれば，行政による業務改善命令や罰則等の対象になる（63条の5・6等。平成27年改正で導入）。

３　投資助言・代理業

　投資顧問業者の数は多く，その役割は重要である。しかし，投資助言業に関しては，顧客資金の不正流用等の重大な社会的事件も発生した。そこで，投資顧問業に伴う不正行為を防止するため，昭和61年に投資顧問業法（「有価証券に係る投資顧問業の規制等に関する法律」）が制定された。同法は，金商法の成立とともに統合・廃止され，その規制内容は金商法に引き継がれている。アメリカの1940年投資顧問法（Investment Advisers Act）が参考にされた。

　投資助言・代理業とは，①投資顧問契約を締結して有価証券・金融商品の価値等の分析に基づく投資判断に関する助言，②投資顧問契約や投資一任契約の締結の代理・媒介のいずれかを業として行うものである（28条3項）。業者としての登録を要する。

　投資助言・代理業の業務は，投資者への助言・アドバイスが中心になる。投資助言・代理業の登録要件は最も緩やかであり，個人が営業することも可能であるが，営業保証金の供託は求められる（31条の2等）。

　┌─〈ポイント：投資顧問業者を巡る事件〉─

　投資助言業・代理業のルールの内容を考える際には，昭和59年に起きた投資ジャーナル事件等の著名な事件が参考になる。投資ジャーナル事件では必ず儲かる等の不当な表示によって，投資者・顧客から金銭や有価証券を預かりながら，その大部分を実際には投資運用せず，業者自らが横領しており，刑法の詐欺罪の成立が認定されている（東京地判昭62・9・8判時1269号3頁）。

　平成24年には，AIJ投資顧問が運用する年金の巨額消失問題が発覚し，金商法上の「投資一任契約の締結に係る偽計」の禁止（38条の2第1号）違反等に当たるとして摘発された。投資顧問業者のチェック体制の整備等が重要になる。

148

4 投資運用業

投資運用業者は，投資信託の運用会社等である。有価証券やデリバティブ取引等の投資について，財産の運用を業として行う（28条4項1号～3号等）。

具体的には，①投資法人の資産運用委託契約，その他の投資一任契約に基づく金銭その他の財産の運用・指図，②投資信託の受益証券等を有する者から拠出を受けた金銭その他の財産の運用，③信託受益権，集団投資スキーム持分等を有する者から拠出を受けた金銭その他の財産の運用，のいずれかを行う。

投資運用業は他人の財産の運用を行うため，登録要件は第1種業と同様に厳しい。株式会社等に資格が限定され，最低資本金規制等もある（29条の4等）。

他方，特定投資家に準ずる者や業者の密接関係者に関する，「適格投資家向け投資運用業」には登録等の特例があり，原則として一定の私募の取扱い業務は第2種業者とみなされる（29条の5等）。プロ向け投資運用業と呼ばれ，登録要件等が緩和される。投資運用ビジネスの活性化を図る趣旨による。

> **ポイント：投信法と投資信託協会**
>
> 国民の資産形成にとって，投資信託と投資運用業の重要性は大きい。投資信託は広義のファンドであり，投資先は運用の専門家（投資信託運用会社。プロ）が選定する。運用の担当者をファンド・マネージャーという。投資信託の関連証券は，「投資信託及び投資法人に関する法律（投信法）」に定められている。
>
> 投信法は，投資信託等の重要な特別法になる。「投資信託協会」が自主規制機関として，投資信託等の健全な発展と投資者の保護のため，自主規制業務のほか，啓発・普及活動，紛争の解決（金融ADR）等を行っている。

5 外国業者に関する特例

支店として日本で活動している外資系の証券会社は，外国法人であっても国内法人と基本的に同じ規制に服する。ただし，例外として以下の場合は，外国の有価証券関連業者（外国証券業者）による国内での業務が許容される。

第1に，外国証券業者が国内の金融商品取引業者のうち，有価証券関連業を

行う者（証券会社）を相手方とする場合等である（58条の２等）。第２に，外国証券業者が内閣総理大臣の許可を受けて，元引受契約への参加その他を国内で行う場合である（59条以下等）。第３に，外国証券業者が内閣総理大臣の許可を受けて，金融商品取引所における有価証券の売買・市場デリバティブ取引を業として行う場合である（60条以下等）。特に「取引所取引許可業者」という。

　外国法上投資助言業務や投資運用業務を行っている者も，金融商品取引業者のうち投資運用業を行う者その他のみを相手方に，そうした業務を行うことができる（61条）。行政には，施設の届出を含め情報収集の権限がある（62条）。

◁ ポイント：海外の投資運用業者の特例 ▷

　数多くの海外の投資運用業者を日本に誘致し，国際金融センター（ハブ）を目指す趣旨から，令和３年の金商法の改正によりファンド業務につき特例を設け，海外事業者（外国法人等）の参入のハードルを下げている。登録ではなく，届出でよい。第１に，主として海外のプロ投資家等を顧客（出資者）とし，国内投資家の出資割合が50％未満のファンド（集団投資スキーム）の投資運用業者について，簡素な届出だけで「海外資金のファンド業務」を行うことができる事業類型として「海外投資家等特例業務」が新設されている（63条の８～15等）。

　第２に，外国での顧客資金の運用実績と外国当局の許認可がある「外国投資運用業者」で，海外投資家の資金のみを運用する場合は，簡素な届出のみで投資業務に参入できる（金商法附則３条の３等）。第１の業務に加え，投資運用業・プロ向け投資運用業・プロ向けファンド業務を行うことが可能である（移行期間特例業務という）。第２の特例は５年間限定の時限措置であるが，その後も正式な登録等で業務を継続できる。いずれも，日本国内の拠点の設置や適格な人的構成・必要な体制の整備等が義務づけられ，行政上の監督も及ぶ。

6　金融商品取引業者の業務範囲と行為規制等

(1)　金融商品取引業者の本来業務と付随業務等

　金融商品取引業者は本来業務のほか，付随業務や，届出や承認を受けて種々の業務を行うこともできる。まず金融商品取引業者（第１種業または投資運用業。以下同じ）の「付随業務」には，次のものがある。①有価証券の賃借等，②信

用取引に付随する金銭の貸付，③保護預かり有価証券を担保とする金銭の貸付，④有価証券に関する顧客の代理，⑤投資信託の有価証券に係る収益金等の支払業務の代理，⑥投資法人の有価証券に係る金銭の分配等の支払業務の代理，⑦累積投資契約の締結，⑧有価証券関連情報の提供・助言，⑨他の金融商品取引業者の業務の代理，⑩登録投資法人の資産の保管，⑪企業の合併・買収等（M&A）の相談や仲介，⑫経営の相談等である（35条1項等）。本業の高度化や利用者の利便向上のため，同意を得たうえでの顧客情報の第三者への提供，地域の活性化等の持続可能な社会の構造に資するもの，である。

次に，金融商品取引業者の「届出業務」には，貸金業，宅地建物取引業，資産に対する投資運用等がある（35条2項・3項等）。投資信託委託業の兼業により，「ラップ口座（資産運用残高に対して定率の手数料をとるサービス）」や，証券総合口座を活用した資産運用ビジネスの展開も活発である。

さらに，金融商品取引業者は，以上のほか，承認を受けた業務を行うこともできる（35条4項・5項等）。また，第2種金融商品取引業または投資助言・代理業のみを行う金融商品取引業者については，他業に関する法律を遵守したうえで，他の業務を兼業することが認められている（35条の2）。金融商品取引業者等は，その行う金融商品取引業または登録金融機関業務を適確に遂行するため，適切な業務管理体制を整備しなければならない（35条の3等。業務管理体制の整備義務）。なお，金融商品取引業者等には，金商法で定める場合のほか，内閣府令の定めにより，帳簿，計算書，通信文，伝票等の帳簿書類の作成・保存や業務の報告の提出といった義務が課されている（188条等）。

(2) 取締役等と主要株主に対する規制

金融商品取引業者の取締役等や主要株主には，その公益性から特別の規制がある。まず，一定の金融商品取引業者の取締役等が他社や親銀行等・子銀行等の取締役等に就任・退任した場合，届出等が求められる（31条の4以下等）。

次に，金融商品取引業者に対する買収の際には，経営の健全性の観点から主要株主のチェックも必要になる。そこで，第1種金融商品取引業等の主要株主（20％以上の議決権を有する者等）には，保有目的等を記載した対象議決権保有届出書等の内閣総理大臣への提出その他が求められている（32条以下等）。

(3)　経理や財務の規制

　第 1 種金融商品取引業者（以下，この項目では「証券会社等」という）には，安定的な業務の運営が求められる。そのため，証券会社等は，帳簿書類を作成・保存するとともに，事業報告書その他を作成し，毎事業年度経過後 3 か月以内に内閣総理大臣に提出しなければならない（46条以下等）。また，事業年度ごとに，業務および財産の状況の説明書類を 1 年間すべての営業所や事務所に備え置いて公衆の縦覧に供するか，インターネットの利用等の方法により公表する義務を負う（46条の 4 等）。こうした帳簿書類・事業報告書・説明書類の規律は，第 1 種業を行わない金融商品取引業者も同様になる（47条以下等）。

　他方，証券会社等のリスク管理規制の柱は，自己資本規制比率である。これは，「資本金，準備金その他の額の合計額から固定資産その他の合計額を控除した額」の，「保有する有価証券の価格の変動その他の理由により発生しうる危険に対応する額」の合計額に対する比率をいう（46条の 6 第 1 項等）。「固定化されていない自己資本」の「リスク相当額の合計」に対する比率である。リスクは，①市場リスク（株価・金利等の変動リスク），②取引先リスク（取引の相手方の債務不履行等のリスク），③基礎的リスク（事務処理の誤り等の日常的な業務の遂行上発生しうるリスク），に分類されている。

　証券会社等の自己資本規制比率は，120％を下回らないようにしなければならない（46条の 6 第 2 項等）。この維持義務は財務規制の根幹であるため，その比率は毎月末等に届出義務があるほか，毎年 3 月・6 月・9 月・12月の末日における同比率の記載書面は，公衆の縦覧に供せられる（同条 1 項・3 項等）。

　そして，財政悪化の状況では，段階的な規制が設けられている（53条 1 項〜3 項等）。内閣総理大臣は証券会社等の同比率が120％を下回った場合，業務方法の変更等を命ずることができる。同比率が100％を下回ると，一定の期間業務の全部または一部の停止を命ずることが可能となり，業務停止命令後，3 か月を経過しても引き続き100％を下回り，回復の見込みがないと，金融商品取引業の登録を取り消すことができ，退出を強制される。早期是正措置という。

> ＜ポイント：金融機関と自己資本規制＞
>
> 　自己資本規制は，金融機関の財務状況の健全性を確保するためにあり，重要性
> が大きい。銀行では自己資本比率規制が重視されており，国際的には国際決済銀
> 行による，BIS（Bank for International Settlement）規制が有名である。
> 　また，保険会社ではソルベンシー・マージン（支払余力）比率が，保険業固有
> のリスク要因を考慮した行政監督の指標として用いられている。これらは類似す
> る点もあるが，それぞれの業態により，リスク要因等の設定が異なっている。

　証券会社等には，有価証券の売買その他の取引またはデリバティブ取引等の
取引量に応じて，「金融商品取引責任準備金」を積み立てることが義務づけら
れている（46条の５第１項等）。顧客とのトラブルによる損失の発生といった事
故に備え，業務の健全性を確保している。

　責任準備金は，事故による損失の補てんに充てる場合その他のほか，使用し
てはならない（46条の５第２項等）。第１種金融商品取引業を行わない金融商品
取引業者や登録金融機関にも以上に準じた規制がある（47条以下等）。

7　一般的な行為規制と各業の行為規制

(1)　一般的な行為規制

　金融商品取引業者に関する規制には，業者一般の行為規制（登録金融機関も
対象）のほか，特定の業に適用される行為規制がある。公正な価格形成の確保
が重視されている。その違反は，罰則や行政処分の対象になりうる。

　一般的な行為規制としては，まず，分別管理義務がある。金融商品取引業者
等は，一定の権利または有価証券に関し，出資・拠出された金銭等が，事業者
の固有財産その他と分別して管理すること（分別管理）が確保されていなけれ
ば，有価証券の売買等を行ってはならない（40条の３等）。顧客資産の分別管理
義務は顧客の投資判断の裏付けとなる資金・有価証券を，投資判断に対応する
形で保管させるもので，「市場における公正な価格形成」に参加しうるに足る
投資判断の実質を確保すべき最も本質的な責務のひとつである。出資された金
銭等の流用が行われている場合の募集等も禁止される（40条の３の２等）。

　次に，内閣府令により，金融商品取引業等の「業務の運営の状況」に関し，

第7章第1節②の規制のほか，一括注文に関する投資者意思の確認義務，著しく不適当な条件による証券の引受け禁止，証券の発行者の財務状況等に関する適切な元引受けの審査義務，法人関係情報や個人顧客情報の適切な管理義務，顧客への取引等の通知義務等が定められている（40条2号，金商業府令123条）。

(2)　投資助言・代理業と投資運用業に関する禁止行為

金融商品取引業者等には，投資助言・代理業や投資運用業に関し，共通して禁止される行為がある。①投資顧問契約・投資一任契約等の締結または解約に関し，偽計を用い，または暴行・脅迫をする行為や，②顧客を勧誘するに際し，損失の全部または一部を補てんする旨を約束する行為である（38条の2）。

(3)　投資助言業務に関する特則

まず，金融商品取引業者等の投資助言業務における基本的な義務としては，顧客に対する忠実義務・善管注意義務が課されている（41条1項・2項）。

次に，特定の金融商品等に関し，顧客の取引に基づく価格等の変動を利用して，自己または顧客以外の第三者の利益を図る目的で，「正当な根拠を有しない助言」を行うこと等は禁止される（41条の2）。顧客に不当な助言をし，その業者等が利益を得る不正な行為を「スキャルピング」という。

さらに，原則として次の行為が禁止される（41条の3〜5等）。第1に，顧客を相手方とする有価証券の売買等を行うことであり，第2に，名目を問わず顧客から金銭または有価証券の預託を受けること等であり，第3に，顧客に金銭または有価証券を貸し付けること等である。これらは，利益相反の防止，顧客資産の紛失等の事故の防止，過度の取引誘引の防止等を目的としている。

(4)　投資運用業に関する特則

まず，投資運用業における基本的な義務としては，権利者に対する忠実義務・善管注意義務が課されている（42条1項・2項）。「権利者」とは，投資一任契約等ではその契約相手であり，信託財産の運用では受益者等をいう。

次に，投資運用業においては，特定の金融商品等に関し，取引に基づく価格等の変動を利用して自己または権利者以外の第三者の利益を図る目的で，正当

な根拠を有しない内容の運用を行うこと（スキャルピング行為）等が禁止されている（42条の2等）。利益相反の防止や顧客の利益保護，公正な価格形成の確保等の趣旨による。また，一定の運用権限を委託できるが，すべての運用財産につき運用に係る権限の全部を委託してはならない（42条の3第1項・2項等）。再委託を受けた者は，直接顧客に忠実義務等を負う（同条3項等）。

そして，金融商品取引業者等は分別管理義務として投資運用業に関し，「運用財産」と自己の固有財産および他の運用財産とを分別して管理しなければならない（42条の4等）。金銭や有価証券の預託の受入れ・貸付等も，原則として禁止される（42条の5・6等）。紛失事故や過度の取引を防止する趣旨である。

なお，原則として定期的な「運用報告書」の交付義務が課され，受任者としての報告義務が明確にされている（42条の7等）。年2回以上，必要になる。

(5)　有価証券等管理業務等に関する特則

金融商品取引業者等の「有価証券等管理業務（顧客の金銭等の預託等に係る業務）」については，顧客に対する善管注意義務が課されている（43条）。そして，以下のような顧客資産の分別管理義務が特に重要になる。

金融商品取引業者等は，第1に，顧客の有価証券は，確実にかつ整然と管理する方法により，自己の固有財産と分別して管理しなければならず，第2に，顧客に返還すべき金銭（顧客分別金という。担保証券の額を含む）は，国内において信託会社等に信託をしなければならない（43条の2第1項以下等）。管理状況については，公認会計士等の定期的な監査が義務づけられる（同条3項等。毎年1度）。分別管理義務の違反は，刑事罰の対象にもなる（198条の5第1号）。顧客資産の分別管理義務には，顧客の投資判断の実質を確保させ，市場における公正な価格形成を図るというきわめて重要な意義がある。

デリバティブ取引等に関する預託金銭等の分別管理も，ほぼ同様になる（43条の2の2以下等）。金融商品取引業者等は，顧客の計算において自己が占有する有価証券・預託を受けた有価証券を担保に供する場合や，他人に貸し付ける場合，顧客から書面による同意等を得なければならない（43条の4等）。

また，電子募集取扱業務に関する特則として，金融商品取引業者等は，開示免除有価証券（3条各号）や非上場の有価証券については，重要な事項を業務

期間中，義務の相手方に閲覧可能な状態に置かなければならない（43条の5等）。さらに，暗号資産関連業務を行う金融商品取引業者等には，暗号資産の性質に関する説明義務が課され，暗号資産関連行為を行う契約の締結や勧誘に際し，顧客を誤認させるような表示も禁止されている（43条の6等）。

(6)　兼業に伴う弊害防止措置

　金融商品取引業者等が様々な業務を兼業する場合，金融グループとして事業活動を行う場合等には，弊害を防止する必要がある。そこで，「2以上の種別」に係る業務を行う際には，その他の業務に係る情報を利用した勧誘や，グループ内の不公正な条件の取引等は原則として禁止される（44条以下等）。

　また，有価証券の引受人となった金融商品取引業者は，その有価証券を売却する場合，引受人となった日から6か月を経過する日までは，買主に対し買入代金につき，貸付けその他「信用の供与」をしてはならない（44条の4等）。安易な引受リスクの回避に繋がり，発行市場を歪曲するため制限されている。

第3節　金融機関に係る規制

【設　例】

　A銀行では，「投資信託」を販売しているが，株式の勧誘等は行っていない。銀行による金融商品の販売・仲介については，どのような規制があるのか。
　銀証分離の原則と例外は，どうなっているか。登録金融機関とは何か。

1　銀行等の有価証券関連業務が原則的に禁止されるのはなぜか

　銀行，協同組織金融機関その他政令で定める金融機関は，「有価証券関連業または投資運用業」を行ってはならない（33条1項等）。「銀証分離」という。
　このような銀行と証券業の分離規制は，旧・証券取引法制定時のアメリカの規制をほぼ継承している。①銀行の健全性確保・預金者保護，②利益相反の防止（銀行業務と証券業務の間の利益相反），③銀行の優越的地位の濫用・産業支配の防止のほか，証券市場・証券業の育成等を目的とするものである。

　銀行等に禁止される「有価証券関連業」とは，何か。①有価証券の売買・その仲介（取次ぎ等），②金融商品市場における有価証券の売買・その仲介のほか，有価証券の引受け・売出し，有価証券の募集・売出しや私募の取扱い等である（28条8項等）。もっとも，【設例】のような投資信託の販売等については登録をしたうえで，本体業務として認められている（33条の2等）。

　さらに，金融機関本体による有価証券関連業務等は原則として禁止されるが，①銀行業と証券業との間では「子会社による相互参入」が認められ，金融機関の証券子会社はすべての証券業務を行うことが可能である。また，②金融持株会社の下で，銀行等と証券会社は各業務を行うこともできる（33条の7等）。

◁ ポイント：銀行と証券会社の分離規制（銀証分離）の経緯と今後 ▷

　銀行と証券会社の分離規制は，1929年のニューヨーク証券取引所の株価の大暴落による「世界大恐慌」の反省を契機に制定された，アメリカの銀行法（いわゆるグラス＝スティーガル法）を継受している。銀行が株式というリスクのある金融商品を扱うことを防止し，その健全性を図る趣旨である。

　しかし，ヨーロッパ諸国においては，両方の業務を総合的に扱えるユニバーサル・バンク制度が採られている。そのため，分離方式は金融機関同士の国際的な競争上不利になると考えられ，銀証分離の規制はアメリカでは廃止，日本でも緩和されてきた。ただ，2008年に起きた世界的な金融危機（リーマン・ショック）を契機に，アメリカで金融業務のリスク防止の観点から2010年の金融規制改革法（ドッド・フランク法）により，銀証分離を再び強化する動きもある。

2 　金融機関本体で営める有価証券関連業務（本体業務）

　金融機関による原則禁止の趣旨に反しない業務は，金融機関が本体で営むことができるが，それらは登録なく可能なものと，登録を要するものがある。

　第1に，登録なくできるのは，銀行法や信託業法等により投資の目的をもって，または，信託契約に基づいて信託をする者の計算で行う，有価証券の売買や有価証券関連デリバティブ取引である（33条1項ただし書）。

　第2に，銀行等の金融機関は，次の行為のいずれかを業として行おうとするときは，「内閣総理大臣の登録」を受けなければならない（33条の2第1号～4

号等）。①書面取次ぎ行為（顧客による書面の注文を受けて受動的に行われるもの），②公共債・資産流動化証券・みなし有価証券等に関して行う売買や仲介（取次ぎ等），店頭デリバティブ取引等，③有価証券関連デリバティブ取引等以外のもの等，④投資信託等の売買や仲介等のほか，投資助言・代理業や有価証券等管理業務，である。特に④の投資信託の関連業務が重要になる。

　これらの業務が金融機関に認められるのは，なぜか。顧客の利便性や国債等の発行の円滑化等の理由による。令和3年5月末時点の登録金融機関は，961に上っている。登録を受けた金融機関（登録金融機関という）には，金融商品取引業者の種々の行為規制が適用される。登録の申請・変更の届出等には，一定の手続が求められる（33条の3〜33条の6等）。金融商品取引業者と登録金融機関を合わせて，金融商品取引業者等という（34条参照）。

　いずれにしても，登録金融機関が本体で，株式や社債の引受け，募集・売出しの取扱い，株式等の売買の仲介等を業として行うことは原則として禁じられている。他方，信託銀行は，登録金融機関として投資運用業を行うことができる（33条の8第1項等）。登録金融機関の一定の代理人（損害保険代理店等）も，金融商品取引業の登録を受けなくても，登録金融機関を代理して投資信託等の売買や販売の仲介等を行うことが可能である（33条の8第2項・3項等）。

第4節　金融商品仲介業者と信用格付業者

1　金融商品仲介業者の規制

　金融商品仲介業制度は，証券会社等が一般の事業者や税理士，地方銀行等に有価証券の売買等の勧誘を行わせ，その仲介を通じて顧客から注文を受託できるようにしている。投資販売チャネルの多様化や証券市場の活性化のため，平成15年改正で導入された。金融商品仲介業者は，所属証券会社等の代理権を持たない点で外務員とは異なり，複数の証券会社等からの業務委託を受けることもできる。令和3年5月末時点では，874の登録をした仲介業者がいる。

　金融商品仲介業者は，第1種金融商品取引業者（証券会社等）・投資運用業者または登録金融機関の委託を受けて，原則として次の行為のいずれかを，その

委託者（所属金融商品取引業者という）のために行う（2条11項等）。

①有価証券の売買の媒介，②取引所金融商品市場における有価証券の売買・市場デリバティブ取引等の媒介，③有価証券の募集・売出しの取扱い等，④投資顧問契約・投資一任契約の締結の媒介，である。金融商品仲介行為という。

「銀行，協同組織金融機関その他政令で定める金融機関」以外の者（第1種金融商品取引業者や登録金融機関の役員・使用人を除く）は，内閣総理大臣の登録を受けて，金融商品仲介業を行うことができる（66条等）。また，銀行等の登録金融機関も，金融商品仲介業務に相当する媒介行為を行うことは可能である（33条の2等）。個人でも，独立した金融アドバイザー等として金融商品仲介業者になることができるが，仲介業者の役職員が取引の勧誘等を行う場合，外務員登録が必要になる（66条の25等）。

金融商品仲介業者には，顧客に対する誠実公正義務を基本として，金融商品取引業者と同様の行為規制が課されている（66条の7等）。金融商品仲介業者は，仲介行為を行おうとするときは，所属金融商品取引業者等の商号・名称や「代理権がない旨等」を顧客に対し明らかにしなければならない（66条の11等）。

金融商品仲介業者やその密接な関係者は，顧客から金銭や有価証券の預託を受けてはならず（66条の13等），金銭等の授受は，顧客と所属金融商品取引業者との間で直接行われる。委託を行った金融商品仲介業者が顧客に損害を与えた場合は，原則として所属金融商品取引業者が責任を負う（66条の24。委託につき相当の注意をし，損害発生の防止に努めたときを除く）。

2 信用格付業者の規制

(1) 格付の意義

格付は，金融商品等の取引における投資判断の指標として重視されている。信用格付とは，金融商品や法人等の信用状態に関する評価（信用評価）の結果について，「記号または数字等を用いて表示した等級」である（2条34項等）。

具体的には，A，B，C等のランク分けがなされ，投資者等が参考にする。価格形成に与える影響の大きさから，格付を行う業務は高い公益性を持つ。

しかし，2008年の金融危機では，格付の甘さや馴合い等から，格付業者の信頼性・中立性が問題になった。そのため，信用格付を付与し，かつ，提供・関

覧に供することを業とする信用格付業者については，公的な登録を可能として信用を高め，行政による適切な監督の下に置いている（2条35項・36項等）。

┌─────────────────────────────────┐
◁ ポイント：サブプライムローン問題と信用格付 ▷

アメリカで2008年に金融危機（ファイナンシャル・クライシス）が生じ，日本も含め世界中に波及した。その発端がサブプライムローンの問題であり，大手金融機関リーマン・ブラザーズの破綻によるリーマン・ショックにつながった。

これは，銀行のサブプライムローン（信用力の低い個人向け住宅融資）を流動化した債券について，甘い信用格付がなされた結果，それが多数の投資者・資本市場から盲信され，ハイリスクな投資が拡大し，その後崩壊したことが原因のひとつであった。そのため，世界各国で格付業者への規制が広がっている。
└─────────────────────────────────┘

(2)　登録制等

信用格付業を行う法人等は，内閣総理大臣の登録を受けることができる（66条の27等）。登録は義務ではないが，金融商品取引業者等が顧客を勧誘する際，無登録の格付業者が付与した信用格付等を提供するには，無登録格付である旨と登録の意義等を告げなければならないため（38条3号），登録が重要になる。

登録の申請後，役員や体制整備等の審査を受けたうえで，信用格付業者登録簿に登録され，公衆の縦覧に供される（66条の28以下等）。日本格付研究所やムーディーズ，スタンダード＆プアーズ（S&P）等の業者が登録している。

(3)　業務の規制

まず，信用格付業者と役職員は，独立した立場において公正かつ誠実に業務を遂行しなければならない（66条の32）。誠実義務という。また，利益相反防止・格付プロセスの公正性確保等の管理体制整備義務を負う（66条の33等）。

次に，格付の公正性と独立性の確保から，名義貸しの禁止に加え，信用格付業者または役職員が，格付関係者と密接な関係を有する場合等における，格付の提供・閲覧に供する行為等は禁止される（66条の34・35）。格付方針等の公表等も必要になる（66条の36等）。信用格付業者には，帳簿書類等の作成・提出等が義務づけられており，行政による監督を受ける（66条の37以下等）。

160

> ◁ ポイント：金融指標に関する規制 ▷
>
> 　金融指標は，デリバティブ取引や証券取引等をする際に基準となる。ところが，LIBOR（ロンドン銀行間取引金利。令和３年末に廃止）の不正操作事件等が国際的に続発した。そこで，一定の規制が必要とされ，わが国では，TIBOR（Tokyo Inter Bank Offered Rate）の運営機関が主に規制されている。
>
> 　特に資本市場に重大な影響を及ぼす公益性の高い金融指標を，「特定金融指標」という（２条40項）。特定金融指標の算出や公表といった業務を行う算出者には，公的な指定制度により行政上の監督が及んでいる（156条の85以下）。

第5節　　金融商品取引業者（証券会社）の破綻処理

【設　例】━━━━━━━━━━━━━━━━━━━━━━━━━━━━━━

　A証券会社は業績が急速に悪化し，経営が破綻した。その際，A証券会社は，多数の顧客から預かっていた資産を返還することができなかった。

　破綻により損失を受けた顧客は，「投資者保護基金」に補償を求めることができるか。投資者保護基金による補償の基準や範囲は，どうなっているのか。

━━━━━━━━━━━━━━━━━━━━━━━━━━━━━━━━━━

1　投資者保護基金の意義〜証券市場の連続性確保〜

　証券会社は，市場機能の担い手として，顧客の資産を預かることも多い。【設例】における投資者保護基金制度は，「有価証券関連業（28条8項）を行う第1種金融商品取引業者」（以下，「証券会社」とする）が経営破綻した場合の証券市場のセーフティ・ネット（安全網）として，投資者の証券取引等に対する信頼性を維持することを目的としている（79条の21）。基金は会員の証券会社が破綻した際，投資者に一定額（1人当たり1000万円）の補償等を行う。

　投資者保護基金制度の本質的意義は証券会社が破綻しても投資者の投資判断を維持し，証券市場の機能の遮断を許さないことにある。証券市場の連続性や公正な価格形成機能の確保である。その意義が主に発揮されるのは，顧客資産の分別管理という証券会社としての責務が履行されていない場合である。

　証券会社の責務の不履行には，すべての証券会社が加入し，出資する投資者

保護基金が責任を負い，証券業者を監視すべき政府・行政にも一定の責務があ
りうる。そこで，個々の投資者への補償よりも，破綻した証券会社の顧客の口
座を，別の健全な証券会社に迅速かつ円滑に移管すること（トランスファー。
口座移管制度）が本来は最も望ましく，そうした制度の整備も必要になる。

　平成10年改正により投資者保護基金が創設された背景には，平成9年の山一
證券等の相次ぐ破綻，証券会社の参入規制が免許制から登録制へ緩和されたこ
とによる競争激化の予想，国際的な市場条件の整備などの事情がある。類似の
制度としてアメリカのSIPC（Securities Investor Protection Corporation）があり，
平成20年に史上最大の約60兆円の負債を抱えて経営破綻した大手証券，リーマ
ン・ブラザーズの事件やマドフ氏の巨額証券詐欺事件等が大きな問題となった。
大規模な金融機関の「大きすぎて潰せない（Too-Big-To-Fail，TBTF）」と
いう問題への対処等である。イギリスではFSCSが補償等を行っている。

　投資者保護基金は，20社以上の証券会社が会員となる金商法上の法人であり，
設立には内閣総理大臣・財務大臣の認可が必要である（79条の29以下等）。顧客
への補償に必要な資金を集めるため「強制加入制」が取られ，財源となる負担
金の支払を義務づけている（79条の26以下，施行令18条の7の2等）。

（重要判例）

基金による補償の範囲を巡る争い

　日本投資者保護基金（Japan Investor Protection Fund，JIPF）による初
めての補償例には，平成12年に破産し，元社長が約30億円を持ち逃げした「南証
券事件」がある。この事件で，南証券が不正に販売していた架空の高利回り社債
を購入し，基金の補償外とされた一部の顧客が，基金に対し補償を求めた。

　第1審と第2審は，顧客の請求を棄却した。しかし，最高裁は，基金の制度趣
旨等を重視して補償対象の範囲には「証券会社が，証券業に係る取引の実体を有
しないのに，同取引のように仮装して行った取引も含まれる」と広く解するとと
もに，取引の際，悪意または重大な過失があるときを除外した（最判平18・7・
13民集60巻6号2336頁）。差戻審は基金に支払を命じ，補償が実施されている
（総額約35億円）。また，平成24年には破綻した丸大証券の顧客約630人に，1人
当たり1000万円の上限で補償が実施された（総額約1億7200万円）。

2 顧客に対する支払（補償の実施）

　投資者保護基金が保護する顧客は，「一般顧客」と呼ばれる。基金は，破綻が認定された証券会社の一般顧客の請求に基づき，顧客資産に係る債権のうち「円滑な弁済が困難なもの」（補償対象債権という）について，当該証券会社に代わって金銭の支払を行う（79条の56等）。投資者に対する補償の実施である。

　第1に，一般顧客とは，証券会社の本店その他国内の営業所・事務所において，当該証券会社と対象有価証券関連取引をする者である。商品デリバティブ取引関連の顧客も含まれうる。ただし，金融機関等の適格機関投資家，国，地方公共団体，破綻した証券会社の役員・親法人・子法人・5％以上の議決権保有者等，他人名義（仮名・借名）の顧客等は除外される（79条の20第1項等）。除外の理由は，専門家（プロ）としての自衛能力，関係者の責任等にある。

　第2に，顧客資産とは，証券会社が一般顧客から預託を受けたものである。「有価証券関連業に係る取引」（店頭デリバティブ取引その他を除く）等に関し，一般顧客の計算に属するか，預託を受けた金銭・有価証券その他になる（79条の20第3項1号以下等）。金銭の例には，有価証券の買付代金，売付後引渡前の売却代金，信用取引・先物取引に係る差益金・保証金・証拠金等がある。有価証券の例としては，買付後引渡前の有価証券，売付委託のために交付した有価証券，保護預り有価証券，証拠金等の代用有価証券等が含まれる。

　他方，投資者保護基金による補償の対象外になるものとしては，有価証券店頭デリバティブ取引，海外取引所の有価証券市場デリバティブ取引，取引所の通貨関連取引，外国為替証拠金取引（FX取引），第2種金融商品取引業のファンド等がある。また，株価等の下落による損失，破綻した証券会社自体の株式や社債の保有者・一般債権者，詐欺等による損害賠償責任については基本的に補償されない点に注意を要する。商品先物取引法上の委託者保護基金に関し，不法行為に基づく損害賠償等が補償対象に含まれないとした判例（最判平19・7・19民集61巻5号2019頁）も参照。担保として提供されている顧客資産分や顧客の債務負担額は，基金の支払金額から控除される（79条の57第1項等）。

　証券会社の登録取消等の事由が生じた場合，証券会社または内閣総理大臣により投資者保護基金にその旨が通知される。基金は，顧客資産の返還の円滑な

履行が困難と認定すると，公告や通知を行い，顧客の届出に応じて確認のうえ，公告日時点で評価される補償対象債権を支払う（79条の53以下等）。

　支払額は顧客1人当たり政令で定める金額（1000万円）を最高限度額とし（施行令18条の12），顧客の債務等は控除される。投資者保護基金は顧客に支払をした金額に応じて補償対象債権を取得し（79条の57第4項），破綻した証券会社に請求する。そこで，破綻した証券会社に対しては，顧客による限度額を超える債権の行使と，基金の補償対象債権の行使とが競合しうる。顧客への補償と証券会社の破綻処理の手続等は並行して行われ，基金は両方に関与する。

◁ ポイント：金融機関全体のセーフティ・ネット ▷

　銀行破綻には預金保険機構が，保険会社破綻には保険契約者保護機構（生保・損保）が，それぞれ対応している。特に，銀行破綻で預金者1人当たりに一定額を補償する制度は「ペイオフ」といわれ，証券会社破綻での補償に類似する。
　貸付金等による資金運用をし，信用創造機能を有する銀行と違い，顧客資産を預かる証券会社には分別管理義務が課されている。そのため，顧客に預かり資産をすべて返還するのが原則であり，投資者保護基金による補償と銀行のペイオフとはその意義が異なるが，セーフティ・ネットとして共通する点も多い。

---

③　返還資金融資等

　投資者保護基金は顧客の資産を返還するため，破綻した証券会社や顧客分別金の信託の受益者代理人に必要な資金を貸し付けることができる（79条の59等）。返還資金融資という。資産の換金等により，迅速な返還ができない場合に備えている。融資の決定権は基金にあるが，融資限度額等の定めはないため，融資額が多くなるというリスクもある。

　他方，投資者保護基金は証券会社の種々の倒産手続において，「一般顧客の顧客資産に係る債権」の実現を保全するために必要な一切の裁判上・裁判外の行為を行う権限を有する（79条の60第1項以下）。基金の権限は一般顧客のために公平・誠実に，かつ善良な管理者の注意をもって行使される。基金は，顧客表の提出等に加え，破産管財人等の業務を行うこともできる（79条の49等）。

　投資者保護基金の役員は総会で選任・解任され，業務執行は原則として理事長および理事の過半数によるが，補償等の決定の際には運営審議会の意見を聴く。金融商品取引業協会等への業務の委託も認められる（79条の35以下等）。

　会員の証券会社は原則として基金に負担金を納付する義務を負い，その算定方法は基金の業務費用の予想額に照らし，長期的に財政が均衡するよう，かつ，差別的取扱いをしないよう定められる（79条の63以下等）。2020年度末の日本投資者保護基金の資金残高は約583億円である（会員数は265社。同基金のホームページ参照）。基金は一定の金額（800億円）の範囲内で認可を受け，金融機関等から資金を借り入れることもできる（79条の72，施行令18条の15）。

　大規模な証券会社等の経営破綻により金融危機が発生するおそれのある場合等には，預金保険法に基づき公的資金を活用した金融システムの安定化措置もありうる。その際，投資者保護基金は預金保険機構と連携して対応に当たる。基金の運営には，行政による監督が広く及んでいる（79条の75以下等）。

◆　検討課題

(1)　証券会社等（第1種金融商品取引業者）は，どのような役割を担っているか。主な4つの証券業務のほか，登録規制やPTS業務について説明しなさい。

(2)　投資運用業について，説明しなさい。第2種金融商品取引業やプロ向けファンドとは何か。投資顧問業者や投資助言・代理業の意義はどうか。

(3)　銀行その他の金融機関による証券業務等の内容について，検討しなさい。銀証分離規制とは何か。金融商品仲介業者の役割とは，どのようなものか。

(4)　信用格付業者の規制の意義は，どういったものか。サブプライムローン問題やリーマン・ショックとは何か。金融指標の規制はなぜ必要なのか。

(5)　証券会社が経営破綻し，投資者が損失を被った場合，投資者保護基金により，いかなる対処が可能か。基金による補償の範囲はどのようになるか。

第9章

金融商品取引所の規制

　この章では，市場メカニズムの中核である「金融商品取引所（証券取引所等を総称）」の意義と種類，市場ルール等を検討していく。そのなかで，上場の意義のほか，証券取引所の自主規制や売買の仕組み等についても説明する。

第1節　金融商品取引所とは何か

1　金融商品取引所の意義と免許制等

【設　例】────────────────────
　A株式会社は資金調達力の強化等を目的として，証券取引所への上場（株式公開）を検討している。上場するには，どのような審査基準があるのか。
　会社にとって，上場にはどのようなメリットがあるか。デメリットは何か。

　【設例】における「証券取引所」は，多くの投資者による売買注文が集中する流通市場の中心を占めている。公正な価格形成機能を担う証券取引所で株式を公開している上場会社・上場株券の取引が，金商法の主な規制の対象になる。金融商品取引所とは，証券取引所と金融取引所等を包括する概念である。
　証券取引所は，東京証券取引所（日本取引所グループ）・名古屋証券取引所等を指す。東京証券取引所では，プライム市場とスタンダード市場（中小企業向け）のほか，ベンチャー企業等の新興企業向けのグロース市場や，プロ向けの市場等も開設されている（予定を含む）。各市場では上場基準等が異なり，グ

166

ローバル企業向けのプライム市場が最も厳しい。証券取引所等は主に，①取引市場の開設と管理・運営，②株価等の相場の公表，③上場の審査等を行う。

　他方，金融取引所には東京金融取引所があり，金融デリバティブの総合取引所として，重要な経済指標である金利・為替（通貨，取引所FX等）・株価指数の先物取引やオプション取引等を活発に行っている。エネルギーやコメ等の商品先物市場については，商品先物取引法に基づく商品取引所がある。

　金融商品取引所は，国民経済を支えるという高度の公共性から，内閣総理大臣の免許を受けて「金融商品市場」を開設する（2条16項，80条等）。取引所金融商品市場には，公正かつ円滑な運営が義務づけられている（110条）。

　「金融商品市場」とは，有価証券の売買または市場デリバティブ取引を行う市場であり，「取引所金融商品市場」とは，金融商品取引所の開設する金融商品市場になる（2条14項・17項）。金融商品取引所は，業務規程等で開設する市場ごとに取引の方法等の細則を定める（117条以下等）。

　金融商品取引所は免許制のもと，行政の厳しい監督を受けている（81条以下等）。公正な価格形成の確保が要請される。取引所は，法令違反行為等のある会員等に対する処分権等を持つ一方で，業務範囲や役員の資格等も制限される（86条以下等）。無免許の金融商品市場での取引は禁止されている（167条の3）。

ポイント：取引所集中義務の廃止と市場外取引の増加トレンド

　かつては取引所集中義務が定められ，証券取引所以外の取引は認められなかった。しかし，コンピューター技術の進展等により，この義務は平成10年の法改正で撤廃されている。PTS（私設取引システム）は，第8章第1節②を参照。

　現在も証券取引の中心は取引所が占めているが，証券会社がインターネット上で開設し，夜間等の時間に行われるPTS市場や，証券会社が投資者同士の注文を直接つなぐ取引所外の取引等の数量も増えている（いわゆるダークプール等）。取引の場所が多様化するにつれて，証券仲介のプロである証券会社等が負う最良執行義務（40条の2）も，顧客の利益を重視するうえで重視されている。

② 上場とは何か

　上場とは，前述したように「取引所市場で株式を公開すること」であり，そ

のような株式を発行する会社は，上場会社・上場企業と呼ばれる。厳しい上場基準を満たさなければならないため，その審査基準に合格した上場は，一流会社の資格ともいわれる。上場基準の意義は大きい。上場は原則として会社の任意であり，証券取引所と会社等との間では「上場契約」が結ばれる。

　企業が株式を上場するメリットとしては，①資金調達の容易化（多数の投資家の投資対象となり，自由な売買が可能に），②知名度・信用力の向上（取引先・銀行・従業員からの信用，優秀な人材の確保），③創業者利益の確保（創業者である大株主等が高値で自社株を売却することが可能に），等が挙げられている。

> ◁ ポイント：上場しない大企業 ▷
>
> 　上場会社は一般に大企業といわれ，人気がある。しかし，上場は義務ではないため，有名な大企業でも上場のデメリットや資金調達の必要性の有無等を考慮し，上場しない会社もある。特に買占めリスクや情報開示規制による負担が懸念される。そこで，新聞社などマスコミ関連分野では，非上場の会社が多い。
>
> 　近年，企業買収リスク等もあり，「MBO（経営者が参加する企業買収）」等を通じた上場廃止の動きも見られる。ただ，MBOについては，利益相反等の問題もあり，公正な手続等が求められる（第5章第1節③の重要判例等を参照）。

　他方，上場のデメリットには，①証券取引所へのコスト負担（上場審査料・毎年の賦課金等），②情報開示と管理体制構築義務（迅速で詳細な情報開示と会計士監査等の負担），③株式の買占め・敵対的買収のリスク（M&Aリスク），④株主の管理コスト（多数の株主への株主総会の通知・運営や配当金支払の負担等），などがある。上場することをゴーイング・パブリック（公開会社化），会社自ら上場を取りやめることをゴーイング・プライベート（閉鎖会社化）という。

　上場基準について，各証券取引所は独自に「上場審査基準」と上場廃止基準を設けている。上場審査基準の形式要件は，①株主数，②流通株式の数，③時価総額（株価×発行済株式数。企業の規模・価値の指標となる），④事業継続年数，⑤純資産の額，⑥利益の額，⑦公認会計士監査における適正意見等である（定量的な基準）。実質審査基準では，ヒアリングや実地調査等により，①企業の継続性および収益性，②企業経営の健全性，③企業のコーポレート・ガバナ

ンスおよび内部管理体制の有効性，④企業内容等の開示の適正性等が審査対象
になる（定性的な基準）。多角的に市場での取引の適格性が審査される。

　自由な売買と流通性を確保するには，一定数の株主や株式が必要である（上場
維持基準でも）。安定的で信頼性のある投資対象として，時価総額や利益額等も
欠かせない。重大な虚偽開示や合併等の組織再編等があると，上場廃止になる。

　上場や上場廃止の際には，取引所から内閣総理大臣への届出が必要になる
（121条等。届出制）。ただ，取引所自身が発行する有価証券等の上場等について
は，利益相反のおそれなどから，特に「承認制」が採られている（122条以下）。
例外的に，内閣総理大臣が上場等を命令することも可能である（125条等）。

(重要判例)

上場廃止を争った事例

　証券取引所の上場廃止処分は，企業の信頼維持や資金調達・投資者の利益等の
点で不利益になりうる。そのため，上場廃止処分の対象となった企業が，裁判所
に異議を申し立てることもある（東京地決平18・7・7判タ1232号341頁）。

　この事件では，証券取引所が上場会社のペイントハウスについて，債務超過や
有価証券報告書の虚偽記載等を理由として，上場廃止基準に該当するとした。裁
判所は，虚偽記載の影響が重大と評価せざるを得ないなどとして，会社側の異議
申立てを却下している。その後，証券取引所の上場廃止基準等は，市場秩序維持
の観点から，適切な内部管理体制の整備の是非に重点を置くようになっている。
なお，取引所の上場廃止処分による損害賠償責任を否定した判例もある（東京地
判平24・9・24判タ1385号236頁）。

3　金融商品取引所の種類・組織

【設　例】

　A証券取引所はコンピューター化により国際競争力を高めるため，多額の資
金を必要としている。取引所自体が株式を発行し，上場することは可能か。
　証券取引所がその株式を公開することは，公共性の点から問題はないか。

　金融商品取引所には，①金融商品会員制法人と②株式会社形態の金融商品取

引所の２つがある（２条16項等）。金融商品会員制法人は，金融商品取引業者等
により設立された会員組織の社団であり，会員資格が業者等に限定されるため，
組織運営は原則として自治に委ねられる（同条15項，88条以下等）。従来から，
証券取引所は会員制の組織であり，「証券会社の団体」という色彩が強い。

　ところが，【設例】のように近年，主要な証券取引所等は，「会員制法人から
株式会社形態」の金融商品取引所に移行している。株式会社化の進展は，①株
式等の発行による資金調達の強化（自己上場・株式公開），②意思決定の迅速化，
③チェック・システムの強化等が重視されたほか，国際的なトレンドも受けて，
コンピューター化や組織形態のリニューアルが求められたことによる。

　とはいえ，取引所の公共性を確保するという趣旨から，不適切な者による買
収を防止するための取引所の20%以上の議決権の保有制限や取引所自身の株式
を上場する際の承認制のほか，種々の規制が設けられている（103条以下，122
条等）。令和２年時点では，東京・名古屋の証券取引所等が株式会社形態を採り，
札幌・福岡の証券取引所は金融商品会員制法人になっている。なお，地方公共
団体等には主要株主として，認可を受けて株式会社金融商品取引所の20%以上
等の議決権の取得・保有が認められている（106条の３以下等）。

④　取引所の自主規制業務とは何か

　「公正な市場運営」にとって，金融商品取引所による自主規制が欠かせない
（第４章第２節③や第10章第１節参照）。他方，国際競争力の向上のためには，取
引所組織の株式会社化や自由度・柔軟性を高める必要もある。そこで，金融商
品等の上場・上場廃止・会員等の法令遵守状況の調査その他といった「自主規
制業務」については，柔軟性と公正性のバランスが図られている（84条）。

　第１に，金融商品取引所は認可を受けて，「自主規制法人」に対し，自主規
制業務の全部・一部の委託が可能である（85条以下）。自主規制法人は非営利
の法人として，業務範囲等が制限され，理事の過半数は外部理事でなければな
らない（102条の２以下）。実際に，日本取引所グループ（JPX）の自主規制法
人は，東京証券取引所と大阪取引所の上場審査，上場管理（上場会社の情報開
示等を審査），売買審査（不正な取引の審査）等の業務を行っている。日本取引
所自主規制法人は，「上場会社における不祥事予防のプリンシプル」等の行動

指針も公表している（巻末の資料の5を参照）。上場審査の際，自主規制法人には市場の公正さを維持すべき一定の注意義務が課せられているとした判例も重要である（東京地判平28・12・20資料版商事396号171頁。エフオーアイ事件の第1審判決。結論としては取引所や自主規制法人の賠償責任を否定）。

第2に，株式会社金融商品取引所は，「自主規制委員会」を置くことができる（東京金融取引所が設置）。自主規制委員会の委員の過半数は社外取締役でなければならず，取締役等への重要なチェック機能等を持つ（105条の4以下）。

会社法の関連テーマ：機関投資家の役割とスチュワードシップ・コード等

金融・資本市場法制においては，自主ルールまたはソフト・ローにより上場会社の健全性や中長期的な企業価値の向上等を目指す動きが活発である。公開会社法制の一環として会社法と金商法の共通領域になる（本書巻末の資料の5参照）。

第1に，スチュワードシップ・コードは，金融庁の下でイギリス等を参考に，投資運用会社等の「機関投資家」の行動指針を提示する。投資先企業との積極的な対話等を通じて，企業の持続的成長や投資リターンの拡大を目的としている。

第2に，コーポレートガバナンス・コード（企業統治指針）は，上場会社の行動指針として東京証券取引所と金融庁により策定された。上場規程等により，上場会社に対し，株主の権利・平等性の確保，適切な情報開示等の確保，株主との対話等といった基本原則等を提示する。両コードの附属文書として金融庁は，「投資家と企業の対話ガイドライン（対話ガイドライン）」を公表し，SDGs（持続可能な開発目標）等も重視されている。

第2節　証券取引所等の取引はどのように行われているか

1 売買の仕組み

証券取引所等で売買をする資格は，原則として会員や取引参加者の金融商品取引業者等（証券会社等）に限定される（111条1項等）。そのため，投資者は証券会社等に売買注文の執行を委託することになる。証券取引所等の取引は画一的になされる必要があり，取引所の定める受託契約準則に従わなければならな

い（133条）。公共財である取引所のルールは法令に準じて扱われうる。

　投資者の注文は，特定の売買価格を指示する指値注文や，価格を指示しない成行注文等の方法でなされる。市場に出された注文は，競争売買方式において原則として，①価格優先の原則と，②時間優先の原則に従って処理される。

　取引所は，こうした取引が集中する市場の管理を担う。市場が混乱する場合，売買を停止することもある（128条，129条）。取引所は，毎日の総取引高や価格等の情報の会員等への通知・公表等をしなければならない（130条，131条）。

　また，取引所の取引においては立会外取引も重要になる。東京証券取引所では「時間外のトストネット（ToSTNeT）」と呼ばれる取引があり，主に金融機関等の機関投資家によって行われる。これらは，まとまった大口の取引（大量のかたまり）を円滑に処理するためのシステムであり，各証券取引所では，クロス取引や立会外分売といった制度等も運用されている。

> ◁ポイント：東京証券取引所の市場区分の見直し▷
>
> 　わが国の証券市場を代表する東京証券取引所（東証）の市場の名称等は，令和4年4月に大きく再編成される。上場会社の企業価値の向上や持続的な成長を促し，市場の魅力を高めるための歴史的な一大改革である。従来の第1部，第2部，ジャスダック，マザーズの4つの市場区分は新たに，①プライム市場，②スタンダード市場（標準的上場企業），③グロース市場（新興企業等）の3つになる。
>
> 　最上位である①のプライム市場の上場基準は，流通時価総額100億円以上等であり，高い水準になる（②は10億円以上で，③は5億円以上等。①は流通株式も35％以上）。プライム市場の上場会社には，コーポレートガバナンス・コードにより独立社外取締役を取締役会の3分の1以上にすることや（指名委員会や報酬委員会は過半数），気候変動等のESG要素を含む中長期的なサステナビリティ（持続可能性）への取り組み・人権の尊重・英文開示等も積極的に要請される。

☐2　「信用取引」と証券金融会社

　信用取引とは，金融商品取引業者（証券会社）が顧客に信用を供与して行う有価証券の売買その他の取引である（156条の24第1項等）。「信用の供与」とは，顧客に買付けの資金や売り付ける証券を融資するものであり，顧客は少ない資

金で大きな額の取引が可能になる。リスクの高い，ハイリスク・ハイリターンの取引である。株を持たないで売り付けることを「空売り」という。

信用取引は最近，個人投資家の利用が進んでいる。信用取引を用いた仮需給の導入により，市場における取引が活発になることで価格形成が円滑に進み，ひいては経済の活性化に寄与する。信用取引は先物取引等とは異なり，売買の当事者同士の間では，通常の現物決済の取引である点に特徴がある。

他方，過当投機の抑制と担保の意味から，顧客は「委託保証金」を支払う必要がある（161条の2第1項等）。代用有価証券でも可能である（同条2項等）。

証券会社は多くの場合，顧客に融資する売付株券や買付代金を証券金融会社から借りている。そうした証券会社と証券金融会社との取引が「貸借取引」であり，制度信用取引と呼ぶ。それに対し，証券金融会社以外の機関投資家から資金等を調達する場合を，一般信用取引という。証券金融会社はその公益性から免許制になり，行政による監督が及んでいる（156条の23以下等）。

③　金融商品取引の「清算機関」〜クリアリング〜

市場取引の安定性・確実性の維持に欠かせないのが，一括して債務を引き受けるクリアリング（清算）機関の存在である。有価証券の売買が成立すると，証券の受渡しや代金の支払といった清算・決済が行われる。取引の清算を円滑・迅速に行う清算機関のことを一般に，クリアリング・ハウスという。

金融商品取引清算機関は，金融商品取引業者等（対象業者）の対象取引に基づく債務を引受け，更改その他の方法により負担し，ネッティング（相互相殺），決済のための指図・保証等を行う（2条28項・29項等）。金融商品債務引受業という。証券取引の参加者は取引先の信用リスク・決済リスクを確認しなくても，安心して取引をすることが可能になる。取引の安定化と迅速な取引システムの構築のため，信頼性のある清算機関の存在は国際的にも重要になる。

現在，日本証券クリアリング機構（JSCC，日本取引所グループの子会社）等が金融商品取引清算機関として，清算業務を行っている。金融商品取引清算機関はその公益性から，取引所と同じく免許制とされており（取引所自身が行う場合，承認制），行政による監督を受ける（156条の2以下等）。外国の清算機関でも，免許を受けて債務引受業を行うことができる（156条の20の2以下等）。

4 証券取引所等を巡るその他の論点

　金融商品取引所の組織体制には，種々の特則がある。第1に，金融商品取引所持株会社である。設立等の際には内閣総理大臣の認可が必要になり，その後も議決権保有の制限等の監督が及ぶ（106条の10以下等）。金融商品取引所グループは，グループ内の共通・重複業務を集約することができ（87条の2等），外国取引所等への出資も可能である（87条の3以下等）。

　第2に，外国金融商品取引所である。日本にコンピューターネットワーク等を設けることにより，日本の投資者にも外国金融商品市場での有価証券の売買等を可能とする。内閣総理大臣の認可を受け，業務報告書の提出義務等を遵守しなければならない（155条〜156条，2条26項等）。

　第3に，商品取引所との相互乗り入れがある。商品取引所は金や原油等の商品先物取引を行う市場である（2条38項等）。行政の認可を受けて，金融商品取引所は商品市場開設業務を行う子会社を持つことができ，商品取引所が株式会社金融商品取引所を子会社とすることも可能である（87条の3第1項等）。

　商品先物市場を開設する株式会社金融商品取引所は，「商品市場開設金融商品取引所」とされる（2条37項）。証券取引所と商品取引所を兼ねた取引所を，「総合的な取引所」ないし総合取引所と呼ぶ。

　日本最大の「日本取引所グループ（JPX, JAPAN EXCHANGE GROUP）」において，東京証券取引所（東証）は株式等の証券の現物市場を運営し，大阪取引所は証券（株式や社債等）と商品（金や農作物等）のデリバティブ（金融派生商品）市場の取引を扱っている。JPXは平成25年に，東証と大阪証券取引所（大証）が経営統合したものである。現在のところ，わが国における上場会社の株式の大部分の取引は東証に集中しているものの，今後は私設取引システム（PTS）との関係が重要になりうる。なお，非上場のスタートアップ企業等への投資・支援については，東証ベンチャーファンド市場のほか，機関投資家等からの資金を投資するベンチャー・キャピタル（VC）やプライベート・エクイティ（PE）等といったプロのファンドの役割にも注意を要する。

> ⟨ポイント：高速取引と監視体制⟩
>
> 　証券市場では，株式等の「高速取引（HFT，High Frequency Trading）」の数量と影響力が増大している。超高速取引や高頻度取引ともいう。高性能のコンピューター等を駆使し，千分の１から百万分の１秒といった単位で取引の発注・変更・取消し等を行う（アルゴリズム高速取引）。市場の安定化に資する面もあるが，不正等のおそれも指摘され，平成29年改正で以下の規制が導入された。
>
> 　「高速取引行為者」には，登録が求められ（最低資本金額は1000万円），①取引システム等の体制整備・リスク管理，②行政当局への情報提供，③取引記録の作成・保存等が義務づけられている（２条41項，66条の50以下等）。また，無登録者等による高速取引の受託は，証券会社にも禁止される（38条８号等）。

◆　検討課題

(1)　証券取引所の役割と免許制等について，説明しなさい。金融商品取引所の意義と種類はどうなるか。市場外取引・PTSや取引所の株式会社化とは何か。

(2)　証券取引所に会社が上場するメリット等について，検討しなさい。市場の区分や上場の種類はどうなるか。上場等には，どのような基準があるのか。

(3)　証券取引所の自主規制について，説明しなさい。コーポレートガバナンス・コードやスチュワードシップ・コードとは何か（本書巻末の資料５も参照）。

(4)　証券取引所の売買の仕組みについて，説明しなさい。なぜ信用取引や空売りが必要なのか。バブル経済やリーマン・ショックとは何か。

(5)　日本取引所グループ（JPX）の概要を検討しなさい。高速取引とは何か。総合的な取引所・商品取引所とはどのようなものか。清算機関はなぜ必要か。

第10章

自主規制と行政監督機関の役割

この章では，まず「自主規制機関（SRO）」として金融商品取引業協会等の役割を考える。次に，金融・資本市場の行政監督機関として，きわめて重要性の大きい金融庁と証券取引等監視委員会等の意義と役割等を説明していく。

第 1 節　自主規制機関

1　自主規制の意義

【設　例】

A証券会社は，自主規制機関である「日本証券業協会」に加入している。日証協は，どういった役割を担っているのか。株主コミュニティとは何か。

その他の種々の金融商品取引業協会には，どのようなものがあるか。

証券市場の規制においては，公的な行政上の規制に加え，主に証券会社からなる日本証券業協会等の自主規制機関（SRO, Self-Regulatory Organization）が，伝統的にきわめて重要な役割を担ってきている。証券会社等の金融商品取引業者等には，その業務の種別等に応じて，原則としてそれぞれの金融商品取引業協会に加入することが求められる。そこで，各協会の活動が注目される。

自主規制機関（SRO）としては，前章で説明した金融商品取引所の自主規制法人等のほか，以下に見るような金融商品取引業協会（認可協会と認定協会の2つ）がある。自主規制にはメリット（長所・利点）とデメリット（短所・欠点）

があり，メリットを生かした規制の適切な実現が重要になる。

　自主規制のメリットは，どのようなものか。主に行政や司法による監督と比べて，①迅速性・柔軟性（現場で迅速かつ柔軟な対応が可能），②専門性・実効性（専門的知識を持つ業者により実効力の高い対処が可能），③低いコスト（自主的な対応により規制コストも少なくて済むこと），等の長所がある。

　これに対し，自主規制のデメリットとしては，業界団体の規制であるという性格から，①インセンティブの不十分さ（自主規制的な活動は直接的な利益につながらないこと），②摘発・処罰等の甘さ（身内同士の処分に止まること），③法による規制逃れにつながること（自主規制の名目による強制力の排除），④競争制限的になるおそれ（団体内部の閉鎖的ルールによる不公平さや新規参入の阻止にもつながる可能性があること），等の欠点ないし問題も指摘されている。

　複雑で変化の激しい資本市場の現場対応型の規制には，自主規制が不可欠である。自主規制が効果的に機能するには，法令遵守等の信頼性の向上と，業界としての利益の促進（業界振興）といった2つの要請の調整が重要になる。

② 認可金融商品取引業協会（認可協会）

　金融商品取引業協会のうち，認可協会としては，日本証券業協会（以下，日証協とする）のみがある。日証協は，証券業の分野では長い活動実績を持つ。

　認可協会は内閣総理大臣の認可を受けて，有価証券等の取引等の公正・円滑と，金融商品取引業の健全な発展および投資者の保護を目的として設立された金融商品取引業者等（証券会社等）からなる非営利の法人である。その公益性から運営等について，行政上の監督を受けている（67条以下）。

　認可協会は，「店頭売買」有価証券市場を開設できるが（67条2項），現在は開設されていない。他方，日証協は，非上場のベンチャー企業や地元の企業等への円滑な資金供給と投資者への投資チャンスの提供といった目的から，非上場株式の流通取引・資金調達の場として，「株主コミュニティ制度」を整備している（平成27年に創設）。これは日証協の指定した証券会社が，非上場株式の銘柄ごとに株主コミュニティを組成し，参加を申告する投資者にのみ投資勧誘を認める仕組みである。その取引は参加者間・参加者と証券会社との間で行われる。なお，再生・復活を目指す上場廃止銘柄については，「フェニックス銘

柄制度」が設けられており，取扱有価証券になる（現在は存在しない）。

　日証協は金商法と定款に基づき，自主規制規則，統一慣習規則，紛争処理規則等を定め，会員の証券会社等の行動を厳しく規律している。これらの規則は公的な意義を有しており，政省令に準じて扱われうる（エフオーアイ事件の第1審判決の東京地判平28・12・20判時2401号45頁も参照）。協会員等の法令・規則違反等には，過怠金を課す等の処分も行う（68条の2）。外務員の登録事務や研修等を行い，インサイダー取引防止のため，J-IRISSも運用している。

　また，日証協を中心に「証券・金融商品あっせん相談センター（フィンマック）」が，株や投資信託，FX等の金融商品の取引に関するトラブルについて，相談・苦情処理等による解決を図っている（第7章第4節②を参照）。なお，アメリカでは自主規制機関（SRO）として，金融取引業規制機構（FINRA，Financial Industry Regulatory Authority）が同様の活動を活発に行っている。

③　認定金融商品取引業協会（認定協会）等

　金融商品取引業協会のうち，もうひとつの認定協会は金融商品取引業者が設立した一般社団法人であって，内閣総理大臣の認定を受けている（78条1項）。金融先物取引業協会，投資信託協会，日本投資顧問業協会，第2種金融商品取引業協会，日本STO協会，日本暗号資産取引業協会がある。

　認定協会は，有価証券等の取引等の公正・円滑と，金融商品取引業の健全な発展および投資者の保護を目的としている。そこで，「会員等への指導，勧告その他の業務」を行うとともに，金融に係る知識の普及や啓発活動，広報活動を通じて，その目的の促進に努めなければならない（78条等）。

　他方，認定投資者保護団体とは，金融商品取引にかかる苦情の解決・争いのあっせんのため，民間団体が設立した法人・団体であって，内閣総理大臣により認定を受けたものである（79条の7以下）。認定団体は投資者保護方針を定め，苦情の処理等を行う（79条の12等）。その運営等には，行政による監督が及ぶ（79条の14以下）。実際に認定団体として，「指定紛争解決機関」である前述の「証券・金融商品あっせん相談センター」が活動している。なお，金融サービス提供法上の認定金融サービス仲介業協会の役割も重要である。

第2節　行政監督機関

1　金融庁

【設　例】

A証券会社は，証券取引等監視委員会の検査において，業務内容に関して問題点を指摘された。その結果，金融庁により「業務改善命令」を受けた。

証券取引等監視委員会とは，どのような機関であるのか。金融庁との関係はどのようなものか。課徴金制度は，どのように活用されているか。

金融・資本市場における行政上の監督については主に，金融庁（FSA, Financial Services Agency）とその下に置かれている証券取引等監視委員会が担っている。金融庁は内閣府の外局である。金商法は，行政監督上の権限の多くを「内閣総理大臣」と規定しているが，一部を除き金融庁長官に委任されている（194条の7第1項）。さらに，主要な権限は証券取引等監視委員会に，一部は財務局長（関東財務局等が地方における金融庁の窓口になる）等に委任されている（同条2項以下）。特に関東財務局の役割が大きい（事前相談等）。

金融庁は，金融の機能の安定を確保し，預金者，保険契約者，有価証券の投資者その他これらに準ずる者の保護を図るとともに，金融の円滑を図ることを任務としている（金融庁設置法3条）。金融庁には，「公認会計士・監査審査会」（審査会という。Certified Public Accountants and Auditing Oversight Board, CPAAOB）も設置されている（平成16年の改正で創設）。審査会は，監査業務の品質管理のため，監査事務所や日本公認会計士協会等について審査・検査等を実施し，公認会計士試験も行っている（公認会計士法35条以下）。

金融庁は，金融商品取引業者等への広範な監督のための権限等を持ち，業務改善命令等を適宜発動している。必要であれば，裁判所を通じて「緊急停止命令」等を求めることも可能であり（192条，194条の7第1項・4項，証券取引等監視委員会の申立ても可能），無登録業者による未公開株の不正勧誘等に対し発動されるケースが増えている。行政処分等の前提としては審問や聴聞等の手続

資　料

1．条文の全体像～全体の地図～

第1章　総則（1条・2条）

目的（1条）。2条では，「有価証券・デリバティブ・金融商品・金融指標，金融商品取引業，募集・売出し等」といった全体のベースとなる概念を幅広く定義。

第2章　「企業内容等」の開示（2条の3～）

組織再編成時の開示のほか，「①発行開示」として募集・売出しにおける有価証券届出書・目論見書等，「②継続開示」として有価証券報告書等の情報開示を規定。

第2章の2　「公開買付け（TOB）」に関する開示（27条の2～）

市場外の大量の株式取得等について，①情報開示として公開買付届出書・開始公告等を，②行為規制として買付条件の均一性・撤回禁止等の公平・平等ルールを規定。

第2章の3　株券等の「大量保有の状況」に関する開示（27条の23～）

大量保有者に報告書の提出義務（5％ルール）。変更報告書，特例報告の制度等。

第2章の4　開示用「電子情報処理」組織による手続の特例等（27条の30の2～）

金融庁のEDINET等といったインターネット上の情報開示の手続や方法等。

第2章の5　特定証券情報等の提供または公表（27条の31～）

プロ向け証券・外国証券に関する情報の提供・公表義務，虚偽開示の賠償責任。

第2章の6　重要情報の公表（27条の36～）

投資家にとって公平・平等なフェア・ディスクロージャー（FD）・ルール。

第3章　金融商品取引業者等（28条～）

業者の区分と登録制等。銀行等の登録金融機関。特定投資家，外務員の権限等。

第3章の2　金融商品仲介業者（66条～）

取引の仲介業者。登録制。業務・経理等の規制。所属金融商品取引業者の責任。

第3章の3　信用格付業者（66条の27～）

信用格付業者。登録制。業務・経理等の規制。格付方針の策定等の行為規制。

第3章の4　高速取引行為者（66条の50～）

高速取引行為者の登録，取引システム等の業務管理体制の整備，記録の保存等。

第4章　金融商品取引業協会（67条～）

認可協会（日本証券業協会），認定協会（投資信託協会等）の業務・監督等。

第4章の2　投資者保護基金（79条の20～）

第5章　金融商品取引所（80条～）

会員制法人と株式会社組織の2種。免許制。自主規制法人の業務，上場の届出等。

第5章の2　外国金融商品取引所（155条～）

第5章の3　金融商品取引清算機関等（156条の2～）

取引の円滑・迅速な清算のため債務引受業を営む。免許制。外国清算機関も含む。

第5章の4　証券金融会社（156条の23～）

信用取引に必要な金銭・証券の貸付等の役割。免許制。行政の監督規定。

第5章の5　指定紛争解決機関（156条の38～）

勧誘トラブルの解決等を行う金融ADR制度。中立・公正な解決機関の指定等。

第5章の6　取引情報蓄積機関等（156条の62～）

第6章　有価証券の取引等に関する規制（157条～）

相場操縦や偽計等の禁止（158条以下），インサイダー取引の禁止（166条等）等。

第6章の2　課徴金（172条～）

行政上の制裁措置である課徴金。各違反行為に応じた計算方法，審判の手続等。

第6章の3　暗号資産（仮想通貨）の取引等に関する規制（185条の22～24）

暗号資産の取引等の不正行為・風説の流布・偽計・相場操縦等の禁止。

第7章　雑則（186条～）

金融商品取引業者の書類作成等の義務，財務書類の用語・様式・作成方法，公認会計士等の監査証明，議決権の代理行使の勧誘規制，金融庁長官等への権限委任等。

第8章　罰則（197条～）：下記参照

第9章　犯則事件の調査等（210条～）

証券取引等監視委員会・委員会職員等による犯則事件の検査，捜索，告発の権限等。

2．制裁（ペナルティ）としての罰則・課徴金の主な構成

(1)　主な罰則～刑事責任～

① 　197条→10年以下の懲役・1000万円以下の罰金等。

有価証券届出書・有価証券報告書・公開買付届出書等の虚偽記載，相場操縦等。

② 　197条の2→5年以下の懲役・500万円以下の罰金等。

無登録営業，無届出の募集，四半期報告書の虚偽記載，インサイダー取引等。

③ 　198条・198条の2・198条の3→3年以下の懲役・300万円以下の罰金等。

業者による損失補てん・利益提供の禁止違反等。不正に得た財産の没収・追徴。

④ 　207条・207条の2→法人の両罰規定等。7億円以下の罰金等。

(2)　課徴金～行政上のペナルティ～

無届出の募集（172条），発行開示の虚偽記載等（172条の2），有価証券報告書等の不提出・虚偽記載等（172条の3・4），虚偽の公開買付開始公告等（172条の5・6），

大量保有報告書等の虚偽記載（172条の7・8），特定証券情報の不提供等（172条の9），虚偽開示の外部協力者等（172条の10等），風説の流布等（173条），相場操縦等の違反者（174条等），インサイダー取引の違反者（175条）等。

３．金商法の主な改正の一覧表（旧・証券取引法等を含む）

明治26年	取引所法の制定。大正7年には，有価証券割賦販売業法が制定。
昭和18年	日本証券取引所法の制定。昭和13年には，有価証券業取締法等も制定。
昭和23年	新しい証券取引法が制定。アメリカで1929年世界大恐慌を踏まえて連邦法として制定された，1933年証券法（the Securities Act of 1933）と1934年証券取引所法（the Securities Exchange Act of 1934）等の強い影響。
昭和40年	証券会社の免許制・外務員の登録制の導入等。証券恐慌の発生への対応。
昭和46年	半期報告書や臨時報告書等の導入による情報開示の強化，公開買付制度の整備等。「粉飾決算」問題の発生や国際的な資本の自由化等を契機。
昭和63年	証券先物取引の導入，インサイダー取引規制の導入等。規制水準の国際化。
平成2年	大量保有報告書制度（5％ルール）の導入による買占め情報の開示強化等。
平成3年	損失補てん規制の導入等。バブル経済の崩壊後の証券不祥事等が背景。
平成4年	証券取引等監視委員会の設置，有価証券の定義の見直し等。監視機関の創設により，事前規制型から事後監視型にルールの理念が大きく転換へ。
平成10年	投資者保護基金制度の導入等。平成9年に発生した金融危機を背景とする，金融システム改革法の一環。日本版ビッグ・バンと呼ばれる大改正。
平成16年	課徴金制度，最良執行義務の導入，金融機関の証券仲介業務への参入等。
平成18年	金融商品取引法（いわゆる資本市場法）が改正の形で成立。四半期報告書・内部統制報告書・確認書・組合型のファンドの規制の導入等。
平成20年	プロ向け市場の創設等。アメリカでリーマン・ショック（危機）が発生。
平成21年	信用格付業者の規制の導入，指定紛争解決機関（金融ADR）の導入等。
平成22年	店頭デリバティブ取引の監視体制の整備といった規制の強化等。
平成23年	ライツ・オファリング（新株予約権無償割当てによる資金調達スキーム）の整備，無登録業者の勧誘に関する規制の強化等。
平成24年	総合的な取引所の整備，合併等のインサイダー取引規制の適用除外等。
平成25年	インサイダー情報の伝達・取引推奨行為の禁止に関する規制の導入等。
平成26年	クラウドファンディングの制度整備，金融指標算出者の規制の導入等。
平成27年	プロ向けファンドに関する勧誘ルールの導入等の規制の強化等。
平成29年	フェア・ディスクロージャー・ルールと高速取引の監視制度の導入等。
令和元年	暗号資産（仮想通貨）の取引等の規制の導入や会社法改正の影響等。

令和2年　金融サービス提供法（旧・金融商品販売法）の成立に伴う種々の改正等。
令和3年　国際金融センターを目指す，海外投資家向け投資運用業の特例の導入等。

4．金商法と関連する主要な法律との比較

(1)　会社法

　会社法は，株式会社の①設立・②運営（株主総会や取締役会等の権限と決議等・代表取締役等の役員等の義務と責任等）・③資金調達（株式・新株予約権・社債の発行手続等）・④組織再編（合併・会社分割等）等のルールを中心とする。公正な会社運営による，株主や会社債権者の保護ないし関係者の利害調整を目的としている。

　金融・資本市場の中核である証券市場は大規模な株式会社が多く利用しているため，会社法と金商法は密接に関係する。株主と投資者も重なり合う。会社法は，「株式」等という金商法上の有価証券等を創出する「仕組み規整法」とも見られる。

(2)　独占禁止法（私的独占の禁止及び公正取引の確保に関する法律）

　不正な談合等を取り締まる経済法規である独占禁止法も，市場規制法として金商法と多くの共通点を有している。課徴金制度も類似し，市場監視機関としては「公正取引委員会」がある。公正かつ自由な競争の促進等により，一般消費者の利益を確保し，国民経済の民主的で健全な発達を促進することを目的としている。

(3)　商品先物取引法

　金等の鉱物，農林水産物，工業原材料等の商品先物・種々のデリバティブ取引については，商品先物取引法が規制している。商品先物市場は広義の金融商品市場に含まれ，価格発見機能等の国民経済的意義を持つ。商品取引所には，石油等のエネルギーを中心に扱う東京商品取引所，コメの先物を売買する大阪堂島商品取引所がある。

(4)　民法

　金商法の適用に際しては，民法の規定も重要である。第1に，信義則である。権利の行使および義務の履行は，信義に従い誠実に行わなければならない（1条2項）。第2に，契約上の債務不履行による損害賠償責任として，債務者がその債務の本旨に従った履行をしないときなどは，債権者は，原則としてこれによって生じた損害の賠償を請求することができる（415条）。第3に，不法行為による損害賠償として，故意または過失によって他人の権利または法律上保護される利益を侵害した者は，これによって生じた損害を賠償する責任を負うことになる（709条）。

5．上場会社や機関投資家等の行動指針

⑴　**スチュワードシップ・コード**（平成26年適用開始，金融庁）

　SSコードは，投資信託・投資顧問会社，保険会社，信託銀行，年金基金等といった株式を大量に保有し，受託者責任を負うべき「機関投資家」に対し，そのスチュワードシップ（管理）責任としての行動指針を提示する。投資先企業の企業価値の向上や持続的成長を促し，顧客・受益者の中長期的な投資リターンの拡大を図る。「『責任ある機関投資家』の諸原則《日本版スチュワードシップ・コード》〜投資と対話を通じて企業の持続的成長を促すために〜」として8つの原則を列挙している。

　その概要は，①機関投資家としてのスチュワードシップ責任を果たすための明確な方針の策定・公表，②管理すべき利益相反についての明確な方針の策定・公表，③投資先企業の状況の的確な把握，④投資先企業との建設的な「目的を持った対話（エンゲージメント）」による認識の共有と問題の改善，⑤議決権の行使・行使結果の公表についての明確な方針の保持と工夫，⑥顧客・受益者に対する議決権行使等の定期的な報告，⑦投資先企業や事業環境等の深い理解に基づく対話・判断を適切に行うための実力の保持，⑧機関投資家向けのサービス提供者（議決権行使助言会社等）の適切な体制の整備等，である。議決権の行使結果の公表の充実や，サステナビリティとしてESG（環境（Environment）・社会（Social）・ガバナンス（Governance））要素を含む中長期的な持続可能性の考慮等も求められている。

⑵　**企業統治指針［コーポレートガバナンス・コード］**（平成27年適用開始，東京証券取引所）

　CGコード（企業統治指針）は上場会社の行動指針として，5つの基本原則等を提示する（有価証券上場規程の別添）。具体的には，①株主の権利・平等性の確保として実質的な対応や少数株主・外国人株主への配慮等，②株主以外のステークホルダー（従業員・顧客・取引先・債権者・地域社会等）との適切な協働として社会・環境・労働問題等のサステナビリティ（ESG要素を含む中長期的な持続可能性）を巡る課題への対応等，③適切な情報開示と透明性の確保として財務情報・リスクやガバナンス等の非財務情報のわかりやすく有用な提供等，④取締役会等の責務として企業戦略等の提示・経営陣の環境整備と監督等（独立社外取締役の活用等を含む），⑤株主との対話として総会以外の建設的な対話の促進，を掲げている。

　CGコードはSSコードとともに，上場会社の持続的な成長と中長期的な企業価値の向上等を目指している。CEO等の経営陣の後継者計画の策定等やCEOの選任・解任手続の確立，指名・報酬の委員会等も重視されるほか，各取締役のスキル等（知識・

経験・能力）を一覧化したスキル・マトリックスの開示等も求めている。東証のプライム市場上場会社向けの特則等もある。

⑶　監査法人の組織的な運営に関する原則《監査法人のガバナンス・コード》（平成29年3月，金融庁等）

監査法人に対し，5つの原則と指針等を提示している。その概要は，①監査法人が公益的な役割を果たすため，トップがリーダーシップを発揮すること，②監査法人が実効的な組織運営を行うため，経営陣の役割を明確化すること，③監査法人が監督・評価機能を強化し，外部の第三者の知見を十分に活用すること，④監査法人の業務運営上，法人内外との積極的な意見交換や議論を行うとともに，構成員の職業専門家としての能力が適切に発揮されるような人材育成や人事管理・評価を行うこと，⑤上記取組みについての透明性の確保等である。会計監査を資本市場の重要なインフラと位置づけ，公益的な役割が強調されている。契約期間やKAMの開示等も重要になる。

◎前述の各コードを含め，法的拘束力はないが，原則を実施しない場合には，理由の説明が求められる。「コンプライ・オア・エクスプレイン」という。事実上の拘束力・強制力は強い。プリンシプル・ベース（原則主義）を採る。

⑷　顧客本位の業務運営に関する原則（平成29年3月，金融庁）

金融庁が金融機関（金融事業者）に対し，金融行政上の指針として要請。

①顧客本位の業務運営（フィデューシャリー・デューティー）に関する方針の策定・公表等，②顧客の最善の利益の追求，③利益相反の適切な管理，④手数料等の明確化，⑤重要な情報の分かりやすい提供，⑥顧客にふさわしいサービスの提供，⑦従業員に対する適切な動機付け等。その後，同原則の取り組み状況の検証等も実施。

⑸　上場会社における不祥事に関するプリンシプル（日本取引所自主規制法人）

日本取引所自主規制法人が上場会社に対し，不祥事に関する行動指針を提示。

［1］上場会社における不祥事対応のプリンシプル（平成28年2月）

①不祥事の根本的な原因の解明（必要十分な調査），②第三者委員会を設置する場合における独立性（客観性）・中立性・専門性の確保，③実効性の高い再発防止策の策定と迅速な実行，④迅速かつ的確な情報開示（透明性の確保）。

［2］上場会社における不祥事予防のプリンシプル（平成30年3月）

①実を伴った実態把握，②使命感に裏付けられた職責の全う，③現場と経営陣における双方向のコミュニケーションの充実，④不正の芽の察知と機敏な対処，⑤グループ全体を貫く経営管理，⑥サプライチェーン（仕入先・販売先等）を展望した責任感。

索　引

〈著者紹介〉

松岡　啓祐（まつおか　けいすけ）

専修大学法科大学院教授

東京都出身。早稲田大学大学院法学研究科博士課程単位取得退学後，1994年専修大学法学部専任講師，助教授を経て，現職。専門は商法，会社法，金融商品取引法。公認会計士試験委員（2012年より企業法を担当）。

　主要著書として，『証券会社の経営破綻と資本市場法制─投資者保護基金制度を中心に』（中央経済社，2013年），『最新会社法講義〔第4版〕』（中央経済社，2020年），『逐条解説会社法第5巻機関・2』（共著）（中央経済社，2011年），「金融商品取引法と会社法の役割分担」『会社法学の省察』（中央経済社，2012）所収，『ロースクール演習会社法〔第4版〕』（共著）（法学書院，2014年），『商法演習Ⅰ会社法』（共著）（成文堂，2020年），『商法総則・商行為法のポイント解説』（財経詳報社，2018年），『会社法重要判例〔第3版〕』（共著）（成文堂，2019年），「東証『上場制度整備実行計画2009』の概要」（月刊監査役568号，2010年），「アメリカにおける証券の過当売買の規制と認定基準（一）～（四・完）」早稲田大学法研論集63号以下（1992年～1993年）等。

最新金融商品取引法講義〈第6版〉

2010年12月10日　第1版第1刷発行	
2011年 4 月15日　第1版第3刷発行	
2012年 8 月 1 日　第2版第1刷発行	
2014年 1 月30日　第2版第3刷発行	
2016年 2 月10日　第3版第1刷発行	
2017年10月10日　第3版第3刷発行	
2018年 3 月15日　第4版第1刷発行	
2019年 8 月20日　第5版第1刷発行	
2021年 3 月10日　第5版第3刷発行	
2021年 9 月20日　第6版第1刷発行	
2024年 4 月30日　第6版第4刷発行	

著　者　松　岡　啓　祐
発行者　山　本　　　継
発行所　㈱中央経済社
発売元　㈱中央経済グループ
　　　　パブリッシング

〒101-0051　東京都千代田区神田神保町1-35
電話　03（3293）3371（編集代表）
　　　03（3293）3381（営業代表）
https://www.chuokeizai.co.jp
印刷／東光整版印刷㈱
製本／㈲井上製本所

© 2021
Printed in Japan

＊頁の「欠落」や「順序違い」などがありましたらお取り替えいたしますので発売元までご送付ください。（送料小社負担）
ISBN978-4-502-39901-5　C3032